LA VISIÓN DE ISAÍAS

LA VISIÓN DE ISAÍAS

Samuel Pagán

CARIBE

Un Sello de Editorial Caribe

© 1997 **EDITORIAL CARIBE**
Una división de Thomas Nelson
P.O. Box 141000
Nashville, TN 37214-1000, EE.UU

E-mail: 76711.3125@compuserve.com

ISBN: 0-89922-287-0

Impreso en EE.UU.
Printed in U.S.A.

Dedicatoria

A los secretarios y secretarias de las Sociedades
Bíblicas en la región de las Américas, quienes
día a día testifican del mensaje de Isaías en
nuestro dolido Continente...

Y a mis padres, Luis e Ida Pagán, de quienes
escuché por vez primera el mensaje del profeta
Isaías.

Contenido

Prefacio

Profecías que Isaías, hijo de Amoz,
recibió por revelación acerca de Judá y Jerusalén,
durante los reinados de Uzías, Jotam,
Acaz y Ezequías en Judá.

ISAÍAS 1.1

Popularidad y prestigio del libro

El libro de Isaías ha gozado de gran prestigio, popularidad y reconocimiento tanto entre lectores cristianos como judíos. Esa importancia, que delata virtudes literarias, históricas y teológicas, se pone de manifiesto en su destacada ubicación dentro del canon bíblico, y en el continuo uso que se ha dado a la literatura isaiana en el Nuevo Testamento. Los manuscritos y los comentarios a Isaías descubiertos en las cuevas de Qumrán revelan también la popularidad y el aprecio que el libro tenía en esa comunidad religiosa.[1] En la actualidad, esa popularidad se pone de relieve en la gran cantidad de libros y estudios sobre Isaías disponibles en las librerías y bibliotecas.

En el canon bíblico, Isaías es el primer libro en la importante sección de los profetas, que incluye grandes obras como Jeremías, Ezequiel y el Libro de los Doce. Es, además, el libro del Antiguo Testamento más citado o aludido en el Nuevo: ¡quinientas noventa referencias en veintitrés libros![2] Y cuando los primeros cristianos, en su labor misionera, educativa y evangelística, identificaron la vida y el ministerio de Jesús con algún personaje del Antiguo Testamento, lo hicieron con la figura del Siervo del Señor o Siervo Sufriente que se presenta en el libro de Isaías (p.e., 52.13—53.12).

Esa preferencia de los lectores por el uso y la interpretación del libro de Isaías puede funda-

---

1 Entre los manuscritos descubiertos en las cuevas del Mar Muerto se han identificado no solo rollos de Isaías, sino comentarios a varios de sus pasajes. Uno de los rollos descubiertos se copió el año ca. 100 a.C., y antecede por mil años los manuscritos previamente disponibles del libro de Isaías. B.J. Roberts, *The Old Testament Text and Versions*, University of Wales Press, Cadiff, 1951, p. 80; W.L. Holladay, *Isaiah: Scroll of a Prophetic Heritage*, The Pilgrim Press, New York, 1987, pp. 3-4.

2 J.A. Sanders, «Isaiah in Luke», *Interpretation*, 36:144, 1982; Y.H. Songer, «Isaiah and the New Testament», *Review Expositor*, 65:459-470, 1968; J. Flamming, «The New Testament Use of Isaiah», *Southwest Journal of Theology*, 11:89-103, 1968.

mentarse en varias características básicas de la obra.[3] Una de esas cualidades es el carácter redentor de su mensaje: el libro de Isaías pone de manifiesto y subraya una teología de salvación que se basa en la maravillosa intervención divina en medio de la historia humana. Esa finalidad y peculiaridad teológica se revela en las diferentes secciones del libro, e inclusive se destaca en el nombre mismo del profeta, pues Isaías significa: «La salvación es del Señor (Yahvé)».

Temprano en su historia, la iglesia cristiana vio en la obra de Isaías no solo el aspecto salvador del mensaje, sino un componente escatológico fundamental y necesario para su tarea misionera. El libro, de acuerdo a estos intérpretes, hablaba del futuro y, particularmente, identificaba la salvación divina a través del Mesías, que para los cristianos primitivos era Jesús de Nazaret. Por esta razón, varios Padres de la iglesia aludían a Isaías como el primer apóstol y evangelista.[4]

La belleza poética y la universalidad temática de la obra también han contribuido marcada-

---

3 C.R. Seitz, *Isaiah 1—39*, *Interpretation*, John Knox Press, Louisville, 1993, pp. 1-4.
4 *Ibid.*

mente a que los creyentes disfruten su lectura.
La poesía del libro se ha identificado como una
de las más finas y hermosas de la Biblia.[5] Esa
articulación literaria se revela de forma óptima
en el manejo y aplicación de los temas tradicio-
nales del pueblo (p.e., el éxodo), y en la elaboración de nuevas imágenes que responden de
forma adecuada a las necesidades de creyentes
en dificultad (p.e., la consolación), superando
los límites del tiempo. Entre las peculiaridades
que relacionan el mensaje de Isaías con la
historia humana, y específicamente la realidad
de Hispanoamérica, debe identificarse y desta-
carse el compromiso decidido y firme con los
pobres, oprimidos y marginados de la sociedad.

Estas características del libro han motivado
que algunas personas se refieran a Isaías como
«el príncipe de los profetas». Este título honorí-
fico se relaciona no solamente con la capacidad
de moverse en los altos círculos políticos oficiales del reino, sino por la belleza, calidad y
profundidad de su mensaje. En efecto, esa gran
contribución e influencia temática, teológica y
literaria se manifiesta en murales y pinturas
clásicas que se exhiben en grandes catedrales

---

5 J. Muilenburg, *The Book of Isaiah: Chapters 40—66, IB, Vol. 5*,
   Abingdon Press, New York/Nashville, 1956, pp. 386-393.

europeas y americanas, y particularmente en himnos, cantatas, poemas y otros esfuerzos literarios de gran envergadura. Es determinante añadir, además, que utilizando el libro de Isaías muchos cristianos defendieron su fe y desarrollaron postulados teológicos fundamentales para la iglesia; por ejemplo, el nacimiento virginal del Mesías (cp. Is 7.14, versión griega), y sus sufrimientos vicarios (cp. Is 52.13—53.12).[6]

Dificultades y desafíos en la interpretación

Cabe señalar, sin embargo, que la popularidad del libro y la creatividad y belleza literaria de la obra no son signos de facilidad en la comprensión e interpretación de su mensaje. Por ser un libro sumamente extenso (sesenta y seis capítulos), y por manifestar varias complejidades históricas, literarias y teológicas (pues la obra recoge tradiciones proféticas de varios siglos), el análisis y la interpretación de los documentos han sido tareas muy difíciles.

---

6 Watts, *Isaiah 1—33, Word Biblical Commentary*, Word, Waco, TX, 1985, p. xxxvi).

Las dificultades y los desafíos para entender adecuadamente el libro de Isaías se manifiestan inclusive en la Biblia, sobre todo en el libro de los Hechos de los Apóstoles. De acuerdo al relato, un funcionario etíope convertido al judaísmo, en el camino entre Jerusalén y Gaza, leía un pasaje del libro de Isaías, sin comprender claramente el significado del mensaje. A la pregunta de Felipe: «¿Entiendes lo que lees?»; el etíope respondió: «¿Y cómo podré, si alguno no me enseñare?» (Hch 8.30-31).[7]

En efecto, muchos estudiosos, en el intento de responder a la preocupación del etíope, generalmente están de acuerdo que una forma adecuada de estudiar y comprender el libro de Isaías analiza y divide la estructura del libro en por los menos tres secciones mayores, que a su vez se relacionan con diferentes períodos de la historia del pueblo de Israel.

La primera sección (1—39) se relaciona mayormente con el profeta Isaías de Jerusalén, que desempeñó su obra durante la segunda parte del siglo octavo a.C. La segunda (40—55) presupone un ambiente histórico diferente: el

---

7 Las citas bíblicas en esta obra se basan generalmente en *La Biblia de estudio*, Sociedades Bíblicas Unidas, Miami, 1994; las traducciones del autor o las citas de otras versiones se identificarán.

cautiverio en Babilonia, durante los años ca.
587—538 a.C., y destaca los temas de consolación y esperanza. En la tercera sección del libro
(56—66) el mensaje está dirigido nuevamente a
la comunidad judía asentada en Jerusalén,
aunque el período que presupone la palabra
profética es posterior al cautiverio. Los oráculos
incluyen mensajes de juicio y esperanza.

Esa división del libro en secciones casi independientes, aunque contribuye de forma significativa a una ponderación ordenada del mensaje, también puede tener un efecto adverso en
su interpretación. Para superar las dificultades
literarias y teológicas del libro de Isaías los
estudiosos han desmantelado la literatura
isaiana y la han analizado por partes. Ese esfuerzo, que ciertamente puede ser serio y muy
bien intencionado, intenta identificar y relacionar las palabras del profeta y sus seguidores
con su entorno histórico preciso. El objetivo ha
sido aislar los oráculos que se incluyen en el
libro para interpretarlos a la luz de su contexto
histórico.

Sin embargo, esa metodología añade nuevas
dificultades y problemas al estudioso de la obra.
La crisis fundamental que se plantea es que el
libro de Isaías se presenta en el canon como una
sola obra, no como la unión de tres libros

independientes ubicados en una misma sección del canon bíblico, y que además comparten el nombre de un importante profeta clásico de Israel. El problema hermenéutico que manifiesta esta metodología es formidable: cómo interpretar una obra de gran importancia teológica y espiritual (que también manifiesta complejidades estructurales, teológicas e históricas), sin dar la impresión ni afirmar que se trata de tres libros independientes que no muestran continuidad literaria, ni revelan relación teológica y temática.

El gran reto del estudioso e intérprete de Isaías es descubrir el sentido de la obra como un todo; es analizar el libro en su integridad literaria y canónica. Una vez identificado el mensaje básico del libro se pueden interpretar sus partes, a la luz del objetivo central de la obra.

El mensaje del libro de Isaías

La finalidad de este libro, *La visión de Isaías*, es descubrir el mensaje profético central, enmarcado en la poesía y las narraciones de Isaías. El propósito de nuestro análisis es hacer una presentación histórica, teológica y temática de todo el libro de Isaías. Este análisis descubrirá unidad y continuidad en la obra isaiana, además de reconocer las diferencias entre sus diversas partes. Una vez identificados los temas fundamentales en el libro, se evaluarán las implicaciones del mensaje profético para los creyentes y las iglesias en Hispanoamérica.

Isaías es un libro de contrastes. El mensaje es de salvación y también de juicio; la teología de Sión y Jerusalén garantiza la presencia divina tanto para el juicio como para la consolación; la actitud cautelosa del rey Ahab se contrapone a la de humildad del rey Ezequías; la guerra siroefraimita prepara el camino para la crisis con Senaquerib, que a su vez antecede la destrucción del templo y el cautiverio en Babilonia, que finalmente introduce el triunfo de Persia contra el Imperio Babilónico.[8]

Esas características del libro de Isaías presentan un gran reto hermenéutico para los creyentes: ¿Cuál debe ser el propósito del estudio de este importante libro profético? La finalidad no puede estar cautiva en el descubrimiento de las particularidades históricas a las que la obra alude. El objetivo debe estar relacionado con el análisis y el aprecio de las impli-

---

8 C.R. Seitz, *op. cit.*, p. 17.

caciones teológicas y misioneras de los oráculos y las acciones del profeta. La relevancia del libro de Isaías se descubre al ponderar la forma valiente y sabia en que el profeta y sus intérpretes evaluaron hechos cruciales en la historia y presentaron mensajes de reto y afirmación nacional al pueblo. Esa relación íntima entre la evaluación de la realidad social, política y espiritual del pueblo y la comunicación profética es fundamental en nuestro estudio.

Nuestro acercamiento al libro de Isaías lo han descrito algunos estudiosos como «canónico».[9] Esta metodología utiliza y aprecia el resultado de las investigaciones científicas de la Escritura, al mismo tiempo que reconoce en la totalidad del libro integridad teológica y literaria. El libro, como ha llegado a las comunidades de creyentes a través de los siglos, presenta un mensaje que debe descubrirse y anunciarse. El presupuesto básico es que el resultado del estudio de la obra como un todo es mayor que la suma de la evaluación de sus partes, aunque esa evaluación es importante en el descubri-

9 C.R. Seitz, *op. cit.*; _____, ed. *Reading and Preaching the Book of Isaiah*, Fortress, Filadelfia, 1988; J.D.W. Watts, *op. cit.*; B. Childs, *Introduction to the Old Testament as Scripture*, Fortress, Filadelfia, 1979.

miento del sentido global de la literatura isaiana.

A la metodología canónica hemos añadido el resultado de las corrientes contemporáneas de estudios literarios. Estos estudios destacan la importancia del lector en el proceso de lectura e interpretación de documentos. El libro de Isaías, de acuerdo a esta metodología de estudio, se relaciona con los lectores de una forma dinámica y viva. La articulación de sus temas e imágenes produce en los lectores efectos estéticos, emocionales, morales y espirituales. Y la interacción dinámica entre texto y lector, además, genera el descubrimiento de diversas posibilidades de sentido e incentiva nuevas alternativas de interpretación.[10]

---

10 Véase el magnífico estudio de las metáforas en Isaías de K. Pfisterer Darr, *Isaiah's Vision and the Family of God*, Westminster/John Knox Press, Louisville, 1994. Esta obra, además, presenta una teoría adecuada para leer el libro de Isaías, tomando en consideración el posible «lector original» de la obra.

Gratitudes

La presentación de *La visión de Isaías* es el resultado de varios años de investigación y de «mil y una noches» de desvelo. En el proceso, muchas personas han contribuido de forma destacada, a las que debo un agradecimiento público y sincero.

La revisión del texto hebreo de Isaías en varios proyectos de traducción de la Biblia en la región de las Américas me brindó una oportunidad única de descubrir particularidades literarias y disfrutar la capacidad poética de la obra. Las conversaciones con traductores indígenas de la Biblia fueron hechos de santidad; esos diálogos fueron encuentros educativos, experiencias transformadoras. Mis estudiantes en el *South Florida Center for Theological Studies* participaron de las discusiones en torno a estos temas por primera vez y reaccionaron con sabiduría a mis planteamientos. Muchas de mis ideas se revisaron a la luz de esas discusiones en clase. Finalmente, la colaboración de mi esposa, Nohemí, en este proyecto ha sido destacada. Ella, de forma paciente y sosegada, lee cuidadosamente los manuscritos, revisa las ideas y el estilo con juicio crítico, y presenta con cariño y firmeza sus comentarios y recomendaciones.

A Nohemí y a «toda esa gran nube de testigos» que han contribuido directa e indirectamente a que esta obra «vea la luz por vez primera»: ¡Muchas gracias!

Y junto a los «seres como de fuego» que volaban en la visión de Isaías, decimos:

Santo, santo, santo es el Señor Todopoderoso; toda la tierra está llena de su gloria (6.3).

Primera parte:

¿A quién voy a enviar?

Entonces oí la voz del Señor, que decía:
¿A quién voy a enviar?
¿Quién será nuestro mensajero?
Yo respondí: «Aquí estoy yo, envíame a mí».
ISAÍAS 6.8

La grandeza del poder de Dios

El libro del profeta Isaías contiene el mensaje de juicio, salvación y esperanza para los judíos que experimentaron las penurias de la opresión de los imperios asirio, babilónico y persa por varias generaciones y siglos. Aunque con diferentes características, estos imperios tenían en común una política pública que atentaba contra la autonomía e independencia de Israel y Judá, y contra la libertad de los pueblos del Oriente Medio. Ante las grandes dificultades políticas, sociales y espirituales que planteaban la intervención y la dominación de estos imperios invasores, el libro afirma y celebra la importancia de la confianza en el Señor. La palabra del profeta y el mensaje del libro, en efecto, destacan la capacidad divina de intervenir en el instante oportuno para salvar a su pueblo.

El mensaje del libro de Isaías enfatiza y se fundamenta en la grandeza del poder de Dios. Desde la visión inaugural (Is 6.1-13), hasta los mensajes de liberación del remanente fiel (66.5-9), se describe al Dios bíblico rodeado de majestad y gloria (pues sus «faldas llenan el templo» (6.1)), y se alude continuamente a Él como «el Dios Santo de Israel» (1.4; 5.19). Esa gloria divina está a merced de los necesitados y marginados de la sociedad (29.19; 57.15). La virtud divina fundamental en la teología isaiana no es un espectáculo ilusorio para entretener ni impresionar a los adoradores, sino la manifestación del poder transformador y redentor del Dios Santo de Israel.

La obra isaiana, más que una presentación sistemática de la historia de Israel y Judá durante varios siglos, es sin duda una reflexión teológica que pone de manifiesto la capacidad y la voluntad de Dios para salvar a su pueblo en la hora requerida. La profecía de Isaías revela una perspectiva divina de la historia, e incluye la identificación de los valores que hacen que los individuos y las naciones superen las grandes dificultades de la vida, y prosigan la marcha hasta conquistar el porvenir.

Isaías, Deuteroisaías y Tritoisaías

Una de las dificultades iniciales que encuentra la persona que desea estudiar con profundidad el libro de Isaías es la lectura, evaluación y comprensión de la vasta literatura erudita en torno al profeta y su labor ministerial. Aunque el libro de Isaías se presenta como una unidad en los cánones judíos y cristianos, por lo general los estudios modernos referente a la teología y la literatura isaianas dividen su estructura básica en tres secciones fundamentales.[1] Ese acercamiento al estudio de Isaías revela más de dos siglos de estudios bíblicos críticos. Actualmente una gran parte de los estudios sobre Isaías presuponen esta importante metodología de análisis.

A través de generaciones de creyentes la gran mayoría de los intérpretes de Isaías entendían que todo el libro era el resultado del esfuerzo literario, la sensibilidad espiritual, la voluntad histórica, la comprensión política, el análisis social, la creatividad teológica y el ingenio poético de un profeta que desempeñó su labor vocacional en Jerusalén a mediados del siglo octavo a.C.[2] Se pensaba que todo el libro pro-

---

1 Pueden encontrarse bibliografías extensas en torno al libro de Isaías en las siguientes obras: Watts, *op. cit.*; y R.E Clements, *Isaiah 1—39*, W.B. Eerdmans, Grand Rapids, 1980. Particularmente véase el libro de L. Alonso Schokel y J.L. Sicre Díaz, *Profetas, Comentario I*, Cristiandad, Madrid, 1987, p. 96.

2 En el siglo doce el judío Ibn Ezra atribuía la primera parte del libro al profeta de Jerusalén; la segunda, a un profeta anónimo de la época posterior al cautiverio. Anteriormente, en el siglo segundo d.C., Moisés ben Samuel Ibn Gekatilla postuló ideas similares; Alonso Schokel, *op. cit.*, p. 94; Watts, *op. cit.*, pp. xxvi-xxvii; Oswalt, *op. cit.*, pp. 17-28.

venía de un solo autor, conocido como Isaías de Jerusalén.

Esa percepción del libro se mantuvo incólume hasta que, al final del siglo dieciocho, y posteriormente en el siglo diecinueve, varios eruditos europeos cuestionaron la paternidad literaria de la obra y postularon diversas teorías para explicar las diferencias teológicas, temáticas, estilísticas e históricas que el libro ciertamente manifiesta.[3] Desde esa época, es común dividir, disponer e identificar el libro de Isaías de la siguiente forma: los capítulos 1—39, como Isaías de Jerusalén, también conocido como Protoisaías; los capítulos 40—55, como Deuteroisaías, Segundo Isaías o Isaías de Babilonia; y los capítulos 56—66, como Tritoisaías, Tercer Isaías o Isaías del Regreso. Cada uno de estos grandes bloques literarios presuponen, de acuerdo a estas teorías, diferencias de autor, variadas fechas de composición y entornos históricos distintos.[4]

---

3   Las obras de Doderlein, en el 1788, y de Duhm, en el 1892, fueron fundamentales en el desarrollo de ese nuevo acercamiento al estudio del libro de Isaías; Alonso Schokel, *op. cit.*, pp. 94-95. Para una evaluación de la historia de los estudios críticos sobre Isaías; véase Oswalt, *op. cit.*, pp. 17-28; véase, además, C.R. Seitz, «Isaiah, Book of», *The Anchor Bible Dictionary, V. 3*, Doubleday, New York, 1992, pp. 472-477.

Esta metodología de estudio ha destacado la importancia y las características fundamentales de los diversos componentes del libro de Isaías. En efecto, estos estudios han analizado los contextos históricos que enmarcan los mensajes proféticos que se incluyen en la obra, además de evaluar de forma ponderada sus diferentes secciones y peculiaridades literarias y teológicas. Se han identificado y aislado, inclusive, mediante los estudios sistemáticos de las diferentes secciones del libro, las variaciones estilísticas y temáticas de los diversos componentes de la obra isaiana.

Este importante y útil acercamiento, sin embargo, no ha contribuido necesariamente de forma efectiva a apreciar la integración teológica y temática del libro, pues no ha enfatizado la continuidad en la obra ni ha subrayado el fundamental asunto canónico: Isaías se presenta en el canon como un solo libro, con

---

4 Las diferencias literarias en el libro de Isaías también se han estudiado desde la perspectiva de la lingüística estadística; estos estudios han revelado que las diferencias entre las diversas secciones del libro son tan severas y marcadas que delatan multiplicidad de autores; Y. Radday, *An Analytical Linguistic Concordance to the Book of Isaiah*, Biblical Research Associates, Wooster, Ohio, 1971; idem, *The Unity of Isaiah in the Ligth of Statistical Linguistics*, H.A. Gerstenburg, Hildesheim, 1973, pp. 274-277; véase particularmente la breve reseña a esta metodología de Oswalt, *op. cit.*, pp. 18-19.

integridad literaria y con una finalidad teológica definida.

Mientras los estudios críticos sobre el libro de Isaías han hecho hincapié en la separación y el análisis de los diversos componentes literarios y temáticos de la obra, para identificar el origen histórico y teológico de sus partes, el lector común debe enfrentar, evaluar y procesar por su cuenta la siguiente información básica: el libro se presenta como una unidad, que se relaciona explícitamente, de acuerdo al texto bíblico, con la vocación y las ejecutorias del profeta Isaías que vivió en Jerusalén a mediados del siglo octavo a.C. (1.1).[5] Además, el estudio ponderado de todo el libro sin duda revela continuidad temática, teológica, estructural y literaria.[6]

El libro de Isaías es una obra literaria extensa y compleja. Sus capítulos incluyen mensajes en poesía y prosa que presuponen diferentes contextos históricos y variados estilos literarios,

5   La lista de escritores contemporáneos que afirman al profeta de Jerusalén como el autor de todo el libro de Isaías es sorprendentemente abundante. Alonso Schokel identifica a estos estudiosos como nostálgicos totales, nostálgicos parciales y mininostálgicos; la diferencia se basa en los que defienden la paternidad isaiana de diversas partes del libro; op. cit., pp. 94-95.

6   C.R. Seitz, Isaiah..., pp. 2-3; Oswalt, op. cit., pp. 31-44.

pero que manifiestan una unidad teológica fundamental. Las diversas partes del libro no son secciones independientes que se unieron con el paso del tiempo, de forma fortuita, para guardar los oráculos del profeta de Jerusalén y añadir la contribución de sus «discípulos» (8.1) a través de los siglos.[7]

Los tres bloques básicos del libro de Isaías revelan una muy importante finalidad teológica: El Dios Santo de Israel tiene la capacidad histórica y la voluntad teológica de intervenir de forma salvadora en medio de las vivencias del pueblo de Israel, para liberarlos de la opresión asiria, babilónica y persa. Esa afirmación teológica, además, es un mensaje de esperanza para el pueblo de Dios a través de la historia.

En el libro de Isaías el lector encontrará una colección muy importante de mensajes que tienen como punto de partida histórico las palabras proféticas, las intervenciones históricas y las interpretaciones teológicas de Isaías en Jerusalén, durante la segunda mitad del siglo octavo a.C.; esos mensajes se interpretaron y reinterpretaron de nuevo durante el cautiverio en Babilonia y, más tarde, en Jerusalén, luego del cautiverio. El objetivo fundamental del pro-

---

7 Croatto, *op. cit.*, pp. 13-15.

ceso interpretativo era actualizar la palabra profética de Isaías; es decir, el importante mensaje del profeta jerosolimitano no quedó cautivo en su generación ni se mantuvo encadenado a su entorno histórico, sino que superó los linderos del tiempo para afectar a generaciones futuras.

La autoridad del mensaje isaiano no se fundamenta en la voz del profeta, sino en la revelación de Dios. La fuente de autoridad no es Isaías de Jerusalén sino Dios, quien es el que inspira y revela su voluntad al pueblo, a través del profeta. De esta forma, la continua relectura y revisión de los mensajes originales del profeta Isaías es también parte del proceso de revelación divina, en el cual el Dios que inspiró al profeta del siglo octavo a.C., continúa manifestando su voluntad al pueblo. Ese proceso de relectura y actualización del mensaje no debe interpretarse como «añadiduras» indebidas al libro, sino como parte de la dinámica de la revelación divina.

Este importante libro de la Biblia revela varias complejidades de composición; y en ellas se manifiesta un largo proceso de estudio, interpretación y contextualización del mensaje isaiano. La estructura final del libro de Isaías no es el resultado del azar, ni es el producto de la unión acrítica de tres colecciones de mensajes proféticos atribuidos a algún personaje particular y específico.[8] La palabra profética, para que cumpla a cabalidad su cometido, tiene que relacionarse de forma íntima con las realidades que rodean a los destinatarios del mensaje. En el proceso interpretativo y de redacción final, se estudian los temas básicos de Isaías, se añaden oráculos, se eliminan palabras no relevantes al nuevo contexto, se modifican expresiones, se cambian los énfasis y se reorganiza el material. El resultado final es una obra profética novedosa que responde adecuadamente al nuevo contexto de los destinatarios y receptores del mensaje.

Este método de estudio y relectura del mensaje profético permite analizar y comprender todo el libro de Isaías con continuidad temática, sentido de dirección teológico y particularidad literaria. Se hace justicia, de esta forma, al fundamento histórico del libro, a los contextos políticos, sociales y religiosos en los cuales se

---

8 C.R. Seitz, «Isaiah 1—66: Making Sense of the Whole», en C.R. Seitz, ed., *Reading and Preaching the Book of Isaiah*, Fortress, Filadelfia, 1988, pp. 105-123; R.E. Clements, «The Unity of the Book of Isaiah», *Interpretation*, 36, 1982, pp. 117-129; idem, «Beyond Tradition-Criticism: Deutero-Isaianic Development of First Isaiah's Themes», *JSOT* 31, 1985, pp. 95-113.

escribieron los oráculos, y a la realidad literaria y canónica que se presenta al lector contemporáneo.

Características de las diversas secciones del libro[9]

Durante los últimos doscientos años, el estudio del libro de Isaías generalmente ha presupuesto y ha tomando en consideración las tres secciones básicas de la obra.[10] Estas secciones se relacionan con los diversos entornos históricos que se han identificado en el libro: Isaías de Jerusalén (1—39), Deuteroisaías (40—55) y Tritoisaías (56—66).[11] El reconocimiento de las características teológicas y literarias de estas tres secciones, junto a la identificación de los presupuestos históricos que manifiestan, es fundamental para la comprensión adecuada de

9 El reconocimiento de las diferencias entre las tres secciones mayores de Isaías es común en la literatura exegética contemporánea. Véase la extensa bibliografía en Watts, *op. cit.*, pp. xxxviii-xli.

10 J.L. McKenzie, *Second Isaiah, AB 20*, Doubleday, Garden City, New York, 1968, pp. xv-xxxvii.

11 S. Pagán, *Su presencia en la ausencia*, Editorial Caribe, Miami, 1993; C. Westermann, *Isaiah 40—66*, The Westminister Press, Filadelfia, 1969, pp. 8-30.

toda la obra, pues pueden ser indicadores básicos de la multiplicidad de autores.[12] El libro mismo provee, en efecto, una serie importante de referencias y datos que ayudan a identificar con alguna precisión la progresión histórica de toda la obra; p.e., capítulo 7 (ca. 734 a.C); capítulo 20 (ca. 714—712 a.C.); capítulos 36—39 (ca. 701 a.C.); capítulos 45—46 (ca. 540 a.C.); y capítulo 63 (ca. 450 a.C.).

Desde la perspectiva histórica, la primera sección del libro identifica varios personajes que se encuadran fácilmente en el siglo octavo a.C. La clara referencia a los reyes de Judá, Israel y Siria (1.1), junto a las alusiones a la guerra siroefraimita (7—8), la caída de Samaria y la invasión de Senaquerib (36—39), confirman que la palabra profética estaba dirigida esencialmente a los habitantes de Judá y Jerusalén durante la hegemonía de Asiria en el Oriente Medio.

La segunda sección (40—55) menciona en dos ocasiones a Ciro (44.28; 54.1), el famoso rey persa de mediados del siglo sexto a.C.; además, exhorta al pueblo a salir de Babilonia y comenzar el viaje de regreso a Jerusalén (48.20; 52.11; 55.12). Estos capítulos están relacionados ciertamente con la época del cautiverio en Babilo-

---

12 Alonso Schokel, *op. cit.*, pp. 93-94; Oswalt, *op. cit.*, pp. 44-45.

nia (ca. 597—538). El mensaje de la sección final del libro (56—66) presupone que el pueblo ya está de regreso en Jerusalén, luego del cautiverio, en la época persa.

El análisis literario del libro revela también cambios fundamentales en el hebreo de sus diferentes secciones. La poesía de Isaías de Jerusalén es breve, tersa, solemne y concisa. En la segunda sección del libro la articulación poética manifiesta un estilo más apasionado, cálido y retórico; se utilizan las repeticiones y los sinónimos, y se destacan los detalles. La sección final revela continuidad estilística con la segunda, aunque no manifiesta su amplitud temática y retórica.[13]

Al estudiar la teología del libro también se descubren ciertas diferencias.[14] Tanto la teología del Dios creador como la del Señor de la historia se desarrollan en la segunda sección del libro; el concepto del remanente varía en las diversas secciones; y las diferencias entre la figura del Salvador en 9.1-6 y la del Siervo del Señor en 52.13—53.12 son sin duda marcadas.

---

13 Alonso Schokel, *op. cit.*, pp. 93-94.
14 Véase, p.e., la presentación de las palabras clave del Segundo Isaías en C. Wiéner, *El Segundo Isaías: El profeta del nuevo éxodo*, Verbo Divino, Estella, Navarra, 1977, pp. 27-52.

Los capítulos finales del libro revelan un notable interés por lo cúltico, y manifiestan una
perspectiva diferente de la escatología.[15]

A estos argumentos históricos, literarios y
teológicos puede añadirse el cambio de perspectiva que se descubre entre 1—39 y 40—66:
mientras en la primera sección se identifican
claramente varios reyes judíos, este no es el
caso en las secciones finales de la obra. Otra
peculiaridad es que en 1—39 el remanente se
encuentra en Jerusalén; y en 40—66, entre los
cautivos en Babilonia. Por último, el estilo poético repetitivo que se descubre en 40—66, caracteriza únicamente esta sección de la obra
(40.1; 51.9,17; 52.11; 57.14; 62.10).

Tendencia teológica de la estructura

Junto a las diferencias y particularidades de las
diversas secciones del libro de Isaías también
se manifiestan vectores de continuidad, tendencias teológicas y literarias afines, intertextualidad en los temas tratados.[16] Analizar la

15 J. Muilenburg, *op. cit.*, pp. 398-414.
16 R. Rendtorff, *Canon and Theology*, Fortress, Filadelfia, 1993, pp.
   146-169; J.H. Eaton, «The Isaiah Tradition», *Israel's Prophetic Tra-*

obra isaiana únicamente para destacar las diferencias, no hace justicia a la integridad y la finalidad teológica del libro. El libro de Isaías ha llegado a la comunidad de los creyentes judíos y cristianos como una sola pieza literaria que debió haber tenido una finalidad específica para sus oyentes y lectores.

Una característica que se descubre al estudiar el libro como un todo es la contribución de cada una de sus secciones a la finalidad teológica de la obra. Aunque, en efecto, la obra completa es mayor que la suma de sus partes, cada segmento literario y teológico es un componente indispensable en el descubrimiento del mensaje isaiano.

La estructura del libro de Isaías no es el resultado de la unión acrítica de poemas y narraciones que representan diversos períodos, estilos literarios y énfasis teológicos. Se manifiesta, en la lectura de toda la obra, un sentido de dirección que lleva al lector desde la presentación del profeta (6.1-8) y su mensaje (1.1-31), hasta la afirmación de la gloria de Dios (61.1-3).

dition: Essays in Honour of P.R. Ackroyd, Cambridge University Press, Cambridge, 1982, pp. 58-76; P.R. Ackroyd, «Isaiah I-XII: Presentation of a Prophet», VTSup 29, 1978, pp. 16-48; idem, «Isaiah 36-39: Structure and Function», Von Kanaan bis Kerala: Festschrift für J.P.M. van der Ploeg, Neukirchen, 1982, pp. 3-21.

En efecto, esa progresión teológica y temática es una característica fundamental que debe tomarse en consideración para la comprensión adecuada de la literatura isaiana. Esa estructura revela ciertamente una finalidad teológica, un propósito kerigmático, un objetivo pedagógico.[17]

La contribución de los capítulos 1—12 es presentar el mensaje y al profeta cuya palabra se encuentra en el libro. El primer capítulo, y los subsiguientes (2—5), introducen el libro completo; revelan aspectos temáticos y teológicos que se elaborarán posteriormente a través de toda la obra. Luego se incluye el relato de la vocación del profeta (6) y la sección conocida como «El libro de Emanuel» (7—12) que, entre otros temas de importancia, presenta varios aspectos de la vida familiar del profeta (p.e., su esposa e hijos). En esta sección se incluyen, además, oráculos de importancia mesiánica para los cristianos (7.14; 9.1-7). Las similitudes de 6—8 con 36—39 no deben pasarse por alto. Por ejemplo, dos reyes judíos enfrentan situaciones de crisis: uno demuestra su fidelidad al Señor; el otro, hace caso omiso a la voz del profeta.[18]

---

17 Rendtorff, *op. cit.*, pp. 146-149.
18 Oswalt, *op. cit.*, p. 55.

Esta sección inicial contiene mayormente oráculos dirigidos al pueblo de Dios; con la excepción de 10.5-15, que es un mensaje de juicio contra Asiria. La crítica a Israel es que se ha vuelto como las naciones paganas (1—4); en 11—12 se hace una magnífica transición teológica a la próxima parte del libro (12.3,5).

En 13—23 se incorpora de forma directa el mensaje de juicio a las naciones vecinas de Judá e Israel.[19] En esta sección se pone de manifiesto, como característica literaria básica, el uso del término hebreo «massa» (traducido al castellano como «oráculo» o «palabras proféticas»; 13.1; 14.28; 15.1; 17.1; 19.1; 21.1,11,13; 22.1; 23.1). Se identifican específicamente las siguientes naciones: Babilonia (13.1-14,23; 21.1-10); Asiria (14.24-27); Filistea (14.28-30); Moab (15—16); Damasco (17.1-11); Etiopía (18); Egipto (19—20); Edom (21.11-12); Dedán y otras tribus árabes (21.13-17); y, finalmente, Tiro y Sidón (23.1-18).

El tono general de los oráculos es uno muy claro de juicio, aunque se incluyen algunas

---

19 Los tres profetas mayores incluyeron entre sus oráculos una serie en torno (no siempre son mensajes de juicio) a los pueblos extranjeros vecinos de Israel y Judá (p.e., Is 13—23; Jer 46—51; Ez 25—32).

promesas de salvación (p.e., 18.7; 19.19-25).
Esta sección incluye también un mensaje contra Jerusalén (22.1-14), y la única profecía que
Isaías dirige a algún individuo: contra Sebná,
mayordomo del palacio de Judá (22.15-25).[20]
Estos mensajes, aunque están dirigidos a las
naciones extranjeras, se presentaron ante el
pueblo de Judá. Más que una palabra de juicio
contra estos pueblos paganos, estas profecías
son fuente de esperanza para Israel; además
enfatizan que el Dios bíblico no acepta la alta-
nería ni la arrogancia, sin importar desde dónde
provengan. Estos textos ponen de manifiesto la
universalidad del mensaje isaiano: su percepción de Dios como Señor de toda las naciones y
de la historia se revela de forma óptima en estos
oráculos.

Luego del mensaje a las naciones, se afirma,
en 24—27, que el juicio divino tiene dimensio-
nes cósmicas. Toda la tierra está bajo el dominio y el juicio del Señor. Ya en los oráculos
contra las naciones se percibía la universalidad
del poder de Dios; ahora, en 24—27, se pone
de manifiesto de forma radiante el juicio definitivo y la transformación del cosmos. Los textos
enfatizan la crítica al orgullo humano y a las

---

20 Seitz, *op. cit.*, pp. 116-117.

pretensiones militares. Entre los temas que se incluyen se pueden identificar los siguientes: el poder del Señor sobre las naciones y sobre la naturaleza; el juicio contra las naciones y contra el Israel infiel; y la salvación del remanente.[21] Esta sección finaliza con dos himnos de alabanzas (26.1-6; 27.1-5), al igual que 12.1-6.

El tema de la confianza en los líderes humanos se manifiesta más adelante en 28—33. Esta sección, que incluye una serie de «ayes» (28.1; 29.1,15; 30.1; 31.1; 33.1), tal vez se relaciona con la predicación del profeta durante los años 705—701, antes de la crisis con Senaquerib. Se caracteriza por la presentación de una serie de denuncias y anuncios del juicio divino contra el pueblo (p.e., 28.1-4,7-15,17b-22), junto a varias promesas de salvación y restauración (p.e., 28.5-6,16,17a,23-29).[22]

La sección siguiente (34—35) da paso a una conclusión teológica fundamental: confiar en las naciones y sus líderes trae la desolación y destrucción al pueblo. Los capítulos 28—33 y 34—35 se complementan y revelan continuidad temática, sobre todo en la presentación de los temas de juicio y salvación de forma alternada.

---

21 Croatto, *op. cit.*, pp. 139-140.
22 *Ibid.*, pp. 157-158.

Los capítulos 36—39 no pueden considerarse bajo ningún criterio como un apéndice histórico secundario en el libro. Esta sección es fundamental en la integración estructural y teológica de la obra: relaciona las primeras dos secciones básicas del libro (1—35 y 40—55). Por un lado, destaca y afirma la actitud de Ezequías ante la inminente crisis con Senaquerib: en efecto, se enfatiza su humillación y confianza en el Señor. Por el otro, se introduce el tema del cautiverio, que es fundamental para la próxima sección del libro (40—55).

Las dos secciones mayores que se redactan en prosa (6—8 y 36—39) presentan diferentes reacciones de los monarcas judíos a las palabras del profeta: uno actúa con soberbia y arrogancia; el otro, con humildad. Esa temática le da a la obra un entorno teológico importante: la confianza en el Señor, de acuerdo al mensaje profético, era el comienzo del triunfo y de la restauración nacional.

El cautiverio, que era solo una posibilidad en los capítulos anteriores (p.e., 36—39), en la nueva sección (40—55) es una realidad existencial. La destrucción que el ejército babilónico causó a Judá y Jerusalén trajo unas nuevas dinámicas políticas, sociales y religiosas en el pueblo. El triunfo de Babilonia implicaba también, en la percepción teológica del pueblo, la victoria de sus divinidades sobre el Dios de Israel y Judá. Esa interpretación generaba una gran crisis teológica entre los judíos que quedaron en Judá y también entre los deportados a Babilonia.[23]

La reacción del libro a esta crisis teológica es doble. En primer lugar, no hay comparación entre los ídolos humanos y las divinidades babilónicas y el Dios Santo de Israel; además, se afirma que no importa la suerte de Judá y Jerusalén, los judíos son el pueblo escogido, preciado a los ojos de Dios (40—48). La caída de Babilonia no es un acto fortuito del azar, sino la manifestación de la voluntad liberadora de Dios.

Los mensajes que se encuentran en los capítulos 49—53 destacan la importancia del servicio. En esta sección se pone de relieve la vida y misión del Siervo del Señor, figura que se ha relacionado con el pueblo de Israel, con el profeta y con otros personajes desconocidos.[24] El

23 S. Pagán, *op. cit.*

24 C.R. North, *The Suffering Servant in Deutero-Isaiah: An Historical and Critical Study*, Oxford, London, 1956, pp. 192-219; H.H. Rowley, *The Servant of the Lord and other Essays on the Old Testament*, Lutterworth, London, 1952, pp. 49-53; Alonso Schokel, *op. cit.*, pp. 272-275.

énfasis en los pasajes tal vez recae en la idealidad del Siervo (49.1-6; 50.4-10; 52.13—53.12),
aunque se indica claramente que Israel es también el «Siervo del Señor» (54.17). Esta sección
finaliza con un gran himno de liberación del
cautiverio y del pecado (55).

Los capítulos finales del libro (56—66) ponen
de relieve un gran contraste teológico: la capacidad divina se contrapone a la incapacidad
humana. En 56—59 se enfatizan los aspectos
legales de la justicia; se afirma, en efecto, que
el carácter divino debe manifestarse en todas
las áreas de la vida, sobre todo en la devoción
y vida cúltica, y en la administración de la
justicia. Esa transformación será únicamente
posible mediante una manifestación extraordinaria del Espíritu de Dios (57.14-21; 59.16-21).

El libro concluye con la celebración del deseo
divino de glorificar y liberar a su pueblo. El
énfasis recae en la gloria divina que ha de
manifestarse: Dios reivindicará a su pueblo
delante de las naciones, sobre todo ante sus
opresores (65.8-16). La fortaleza y la justicia
humanas no son suficientes para lograr este
gran acto transformador (63.1—65.7): el pueblo
es siervo del Señor, no porque ha crecido hasta
llegar al nivel de excelencia requerido, sino por

una demostración clara del amor de Dios
(65.17-25).

Continuidad teológica y temática

La continuidad teológica de Isaías se pone de
relieve no solo en la estructura del libro, sino en
la elaboración de temas específicos. El tema de
la consolación no está confinado a la segunda
parte del libro (40—55), sino que se incluye en
todas sus secciones mayores (p.e., 12.1; 51.12;
66.13). Revela una preocupación teológica fundamental de toda la obra: ante las diversas crisis
relacionadas con las políticas de los imperios
asirio, babilónico y persa, Dios está muy interesado en brindar a su pueblo la palabra de consuelo necesaria, el mensaje de edificación requerido, el oráculo de salvación pertinente. Esa
consolación divina no se fundamenta en una
simple resignación pasiva y acrítica de su condición, sino en la seguridad de que una intervención divina cambiaría la suerte del pueblo: el
dolor cesará, y dará paso a la liberación y la
alegría.

Otra palabra clave en la identificación de
continuidad teológica y temática del libro es
«gloria». La «gloria del Señor», que se manifestó

al profeta en su llamada vocacional (6.3), se convirtió en un tema básico en toda la obra isaiana. En 35.2 se evoca a 40.5, y se indica que todo el pueblo verá la «gloria de Dios»; además, en 59.19, se alude al nombre y a la «gloria» del Señor. Ese mismo tema se desarrolla aún más en 60.1, donde se indica que la «gloria» del Señor llegará a Sión, y en 66.18 se afirma que esa misma «gloria» la verán todas las naciones.

Uno de los temas preferidos del libro es el de Sión o Jerusalén. Las alusiones a la ciudad (ya sean de forma directa o mediante el recurso literario de la personificación) son muy importantes. Los mensajes de juicio y de salvación que se incluyen en el libro están básicamente dirigidos a los habitantes de Judá y de Jerusalén, a los cuales se alude de forma poética como «Sión» (1.8; 2.1-5; 3.16-26). Más adelante se indica que el Señor habita en Sión (18.7; 24.23), desde donde luchará contra sus enemigos (31.4; 34.8) y recibirá la adoración (27.13).

El tema de Sión se desarrolla aun más en la segunda y tercera sección del libro. Se personifica la ciudad: Sión actúa, habla, llora y se regocija (los capítulos 49—55 se han identificado como la sección de Sión y Jerusalén).[25] Con

---

25 Rendtorff, *op. cit.*, pp. 157-158.

una maestría literaria extraordinaria (véase, p.e., 51.17-23; 57.1-13), estos poemas anuncian la restauración de la ciudad. Posteriormente el tema se expande y se indica que el Señor llega a Sión como el Redentor, pues es la ciudad del Dios Santo de Israel (60.14; cp. 1.26).

Un tema adicional que cruza toda la obra isaiana se relaciona con la idea de «remanente». Se alude con este término a los sobrevivientes, «los que queden», al «resto» salvado de los juicios divinos por su fidelidad al Señor. Este importante concepto teológico se relaciona con Sión, Jerusalén y con el pueblo fiel (1.8; 4.3; 7.22; 10.20-22; 11.11-16; 46.3).

El Señor Santo de Israel es una fórmula teológica fundamental en todo el libro de Isaías. La expresión, que revela una de las percepciones teológicas básicas del libro, no es frecuente fuera de la literatura isaiana.[26] Tal vez se origi-

---

26 La expresión se incluye veintinueve veces en el texto hebreo del libro: 1.4; 5.19,24; 10.20; 12.6; 17.7; 29.19,23; 30.11,12,15; 31.1; 37.23; 40.25; 41.14,16,20; 43.3,14,15; 45.11; 47.4; 48.17; 49.7 (dos veces); 54.5; 55.5; 60.9,14. Fuera de Isaías la frase se incluye en: 2 R 19.22; Sal 71.22; 78.41; 89.19; Jer 51.5. En torno al tema de la santidad de Dios, véase a H. Ringgren, *The Prophetical Conception of Holiness*, Upssala University, Uppsala, 1948; y a J. Oswalt, «Holiness and the Character of God», *Asbury Seminarian*, 31, 1976, pp. 12-21.

nó en los círculos sacerdotales de Jerusalén,[27] y manifiesta las virtudes trascendentes de Dios. En la primera sección del libro la frase el «Santo de Israel» generalmente se relaciona con oráculos de juicio, sobre todo con los que contienen los «ayes» (p.e., 1.4; 5.19,24; 30.11; 31.1; 37.23). Por haber rechazado al Santo de Israel, el juicio divino se manifestará a las naciones. El remanente fiel, sin embargo, estará seguro en el día de juicio, por confiar en el Santo de Israel (10.20). En la nueva época de salvación el remanente adorará al Santo de Israel de forma adecuada y digna (29.19,23).

En la segunda sección del libro la frase el «Santo de Israel» se incluye básicamente para describir a Dios [o como una autodescripción divina (43.3,15)]. Esa particularidad literaria, unida a su finalidad teológica primaria de juicio, relaciona la importante frase con oráculos de salvación y mensajes de esperanza a los deportados en Babilonia. En efecto, el Santo de Israel es también Redentor (41.14), Salvador (43.3), Creador (43.15), Fiel (49.7), Rey (43.15), Esposo (54.5) y Dios de toda la tierra (54.5). El discurso teológico de la segunda sección del

---

27 Holladay, *op. cit.*, p. 215.

libro de Isaías destaca y subraya el aspecto salvador de la expresión.

La frase no se utiliza con tanta frecuencia en la tercera sección del libro; sin embargo, el Santo de Israel se relaciona con el tema de la salvación de Sión, que ya se había incluido en el capítulo 12.

Revela continuidad, en el estudio de la teología de la obra isaiana, la afirmación de Dios como rey. En la primera sección, Dios es el rey celestial que manifiesta su poder aun sobre el poderoso rey de Asiria (6.5; 10.8); y el Deuteroisaías afirma de forma categórica, en su mensaje a Sión: «Tu Dios es rey» (52.7). A la realeza divina también se alude en los poemas escatológicos de 24—27: se indica que Dios reinará desde Jerusalén, y el sol y la luna se oscurecerán (24.23).

Las relaciones interdependientes de los diversos componentes del libro se revelan también en otros temas; inclusive, se ponen de relieve en el estilo literario. El uso repetido del tema de la culpa o iniquidad (1.4; 5.18; 22.14; 40.2; 59.2-3) es muy importante y frecuente en la elaboración teológica del libro. La articulación de expresiones similares para describir la majestad de Dios o del Siervo del Señor: por ejemplo, «grandeza», «alto», «sublime» (cp. 2.12;

6.1; y 52.13). Es importante destacar la preocupación por la dinastía de David que se revela a través de toda la obra (7; 9.2-7; 11.19; 55.3-5). También en el análisis del texto hebreo se revela un paralelismo de ideas que claramente se distingue en las secciones mayores del libro (cp. 35.4; 40.9; 62.11).[28]

Otros temas que delatan la continuidad literaria y teológica del libro son: las narraciones en torno a los monarcas judíos (6—12 y 36—39); y el tema de la estrategia militar del Señor (p.e., 13.1—14.23; 14.24-27; 36—39; 40—47).

Finalmente, la interdependencia y la intertextualidad de las diversas secciones del libro se revelan de forma destacada en el uso de imágenes literarias para presentar varios temas de importancia teológica. La rebeldía de Israel se articula a través de toda la obra con la imagen de «niño rebelde» (1.2-3; 30.1; 48.8-11; 57.3-4). La personificación de las ciudades —particularmente Jerusalén—, que se pone de manifiesto con imágenes femeninas, es común en el libro (1.8,21-26; 4.4; 10.27b-33; 12.6; 40.1-11; 47.8,9; 49.14; 50.1; 62.1-12). Y la imagen de la mujer a punto de dar a luz se incluye de

---

28 Rendtorff, *op. cit.*, pp. 152-153.

diversas formas en varias secciones de la obra (cp. 37.3b; con 26.18 y 66.7-9).[29]

La visión de Isaías

El libro incluye un título para toda la obra isaiana muy bien definido: «La visión de Isaías».[30] Y junto a este título se revela, al comienzo mismo del libro,[31] el contexto histórico inicial que se relaciona con Isaías de Jerusalén: el profeta pronunció su mensaje durante los reinados de Ozías, Jotam, Ahaz y Ezequías.[32] El título insinúa, además, la amplitud y el tono del mensaje: más que una palabra específica de alguna persona distinguida, es una reacción de Dios al pueblo de Judá; sobre

29 Pfisterer Darr, *op. cit.*, pp. 83-84,163-164,203-204,225-227.

30 El título «visión» no es frecuente en la literatura profética; véase el libro del profeta Abdías (v. 1); *Nuevo diccionario bíblico*, Certeza, Downers Grove, IL, 1991, p. 1420.

31 Las semejanzas de los encabezamientos en la literatura profética en la Biblia sugiere que se añadieron cuando se recopilaron y editaron los mensajes de cada uno de los profetas (cp. Jer 1.1-3; Os 1.1; Am 1.1; Miq 1.1).

32 El rey Ozías murió en el 739 a.C. y Ezequías comenzó a reinar, posiblemente, hacia el 716, y continuó hasta el 686; con esta cronología el período de servicio profético de Isaías puede ser de veintitrés a cincuenta y tres años. Véase Oswaldt, *op. cit.*, pp. 3-5.

todo es la respuesta divina al estilo de vida y los valores de los habitantes de Jerusalén.[33]

La raíz hebrea de la palabra «visión» denota intensidad; Tal vez en el contexto del título del libro de Isaías incluye la idea de percatarse de algo importante, tomar conciencia de lo fundamental. En efecto, el libro —que incluye el relato de solo una visión (6.1-8)— alude a «las obras antiguas y nuevas» de Dios; es decir, a la revaloración de la vida misma, de la existencia humana. Esa característica presupone una perspectiva teológica de la historia, un tipo de escatología que es fundamental para la comprensión del mensaje (p.e., 24—27; 34—35; 48.1-11).[34]

La palabra «visión» presenta, además, al comienzo de la obra, un acercamiento amplio a las vivencias del pueblo. Más que una palabra para un momento específico de la historia de Judá, el libro pone de manifiesto un mensaje amplio para el pueblo de Dios. La «visión» es una mirada panorámica, desde la perspectiva divina, que comienza un diálogo fundamental y transformador: el Dios Santo de Israel requiere

---

33 El libro de Isaías se ha estudiado desde la perspectiva literaria de un drama; véase, p.e., Watts, *op. cit.*, pp. xxvii-xxxiv.

34 Watts, *op. cit.*, pp. xlii-xliii.

un pueblo santo, y esa santidad debe manifestarse de forma concreta en el culto, en el comportamiento diario del pueblo y en las decisiones políticas de los gobernantes.

La «visión de Isaías» se convirtió en la palabra que constituye el fundamento teológico y moral del libro.

El profeta

En el estudio y la evaluación de la vida y obra del profeta Isaías se manifiestan varias dificultades. Mientras que los libros de Jeremías y Ezequiel incluyen datos importantes en torno a la vida y obra de sus protagonistas, en el libro de Isaías esta información no es abundante.[35] Esa falta de información genera niveles insospechados de creatividad en la interpretación de los textos básicos. Además, en la búsqueda de pistas que contribuyan a una comprensión y valoración adecuada del profeta de Jerusalén, se descubre en el libro no solo algunas descrip-

---

35 El profeta Isaías se menciona explícitamente en dieciséis ocasiones en el libro (1.1; 2.1; 7.3; 13.1; 20.2; 37.2,6,21; 38.1,4,21; 39.3,5,8); es interesante notar la falta de estas referencias en la segunda y tercera sección del libro. E.W. Conrad, *op. cit.*, pp. 34-36.

ciones del Isaías histórico, sino la presentación de un profeta interpretado por generaciones posteriores de creyentes y profetas. Junto al Isaías que profetizó en Jerusalén en el siglo octavo a.c., el libro incluye la interpretación teológica de ese profeta; es decir, en la obra se presenta al Isaías histórico y se añade una elaboración teológica de ese importante personaje.

Isaías posiblemente nació en Jerusalén hacia el 760 a.c.,[36] durante el reinado de Ozías; y su padre fue un tal Amoz, que no debe confundirse con el profeta de Tecoa. Su conocimiento de la política nacional e internacional ubica su formación religiosa en la capital de Judá, Jerusalén, pues ese tipo de educación era muy difícil adquirirla fuera de ella. Además, su vida en la importante ciudad de Jerusalén le familiarizó con dos de los temas fundamentales de su mensaje: la elección de Jerusalén y las promesas a la Casa de David.

Isaías recibió la vocación profética el año que murió el rey Ozías, hacia el 740 a.C.; es decir, como a los veinte años de edad. Y esta experiencia en el templo, o ante la presencia extraordinaria de Dios, le abre un nuevo horizonte ético,

---

36 Alonso Schokel, *op. cit.*, 101-102; Clements, *op. cit.*, pp. 11-15.

literario, teológico y político: la santidad de Dios se convirtió en el eje central de su mensaje (6.3). Para protestar la actitud proegipcia del rey, caminó semidesnudo y descalzo por Jerusalén, como un signo viviente del rechazo divino a esa política oficial del reino (20.1-6). Isaías también fue testigo de la recuperación maravillosa del rey Ezequías (36—37). El libro que lleva su nombre se fundamenta en su vida y ministerio profético (8.16; 30.8).

Aunque desconocemos el nombre de su esposa, el texto bíblico alude a ella como «profetisa» (8.3), tal vez por asociación con las labores proféticas de Isaías. Y sus hijos tienen nombres simbólicos: Sear-iasub (que significa «Un resto volverá») y Maher-salal-hasbaz («Muy pronto habrá saqueo y destrucción»).[37]

De su muerte, el texto bíblico no nos informa. El Talmud incorporó una leyenda judía que indica que Manasés lo asesinó cruelmente. Ese rey judío, famoso por sus injusticias y asesinatos (2 R 21.16), ordenó cortarlo por la mitad con una sierra; sin embargo, este episodio legendario carece de fundamento histórico.[38]

---

37 Referente al posible tercer hijo de Isaías, véase Watts, *op. cit.*, pp. 95-104.

38 Justino, Tertuliano y Jerónimo conocían de esta tradición judía; y tal

Rasgos de la personalidad del profeta se pueden inferir del análisis de su obra literaria y del contenido de su mensaje. Isaías fue un hombre de firmes convicciones religiosas que, ante la difícil encomienda divina de ser profeta a su pueblo, respondió positivamente. Una clara conciencia de estar comisionado por Dios caracterizó su palabra y su vida. Ante reyes y políticos poderosos demostró valentía y autoridad, firmeza y sabiduría.

Isaías articuló la palabra profética con gran maestría literaria. Su obra profética es esencialmente en poesía.[39] En efecto, utilizó con gran dominio lírico el paralelismo, una de las características fundamentales de la poesía hebrea. Y en la elaboración de su mensaje, transformaba versos sencillos en grandes himnos de alabanza (12.1-6; 38.10-20), en oráculos (13.1—23.18) e, inclusive, en burlas (14.4-21). El poema «El cántico de la viña» (5.1-7) es una parábola

vez el autor de la Epístola a los Hebreos también alude a esta leyenda (Heb 11.37). El texto de la leyenda se incluye en «The Ascension of Isaiah», R.H. Charles, ed. *Apocrypha and Pseudepigrapha of the Old Testament*, Clarendon, Oxford, 1913, pp. 155-162. Véase, también, Joseph L. Trafton, «Isaiah, Martyrdom and Ascension of», *The Anchor Bible Dictionary*, Doubleday, New York, 1992, pp. 507-509.

39 H.M. Wolf, *Interpreting Isaiah*, Zondervan, Grand Rapids, MI, 1985, pp. 51-69.

similar a las que se entonaban durante la Fiesta de las Enramadas (Dt 16.13-15). Isaías transformó un cántico popular en un mensaje de juicio por la infidelidad del pueblo (5.7).

Un aspecto de la vida del profeta debe estudiarse con cautela: se ha indicado que el profeta era un aristócrata conservador, favorecedor del *status quo* y enemigo de las transformaciones profundas.[40] ¡Nada está más lejos de la verdad!

Aunque Isaías posiblemente creció en los círculos donde se gestaban las más importantes decisiones políticas y religiosas de Jerusalén y era un firme enemigo de la anarquía (3.1-9), no refrena su mensaje para criticar con dureza a las clases gobernantes y opresoras. Desde el comienzo mismo de su ministerio se manifiesta una palabra clara de juicio contra políticos, jueces y autoridades civiles y religiosas (1.21-26; 28.7-15); es irónico y firme, además, presenta un mensaje firme contra la aristocracia de Jerusalén (3.16-24; 32.9-14). Su pasión es la defensa de los necesitados y marginados de la sociedad; es decir, los huérfanos, las viudas y los oprimidos (1.17; 3.12-15).

---

40 Véase en torno a esta seria crítica a Isaías a Alonso Schokel, *op. cit.*, p. 102.

En su denuncia social se advierte una reacción firme y crítica, como su contemporáneo Amós (p.e., Am 4.1-3), al entorno social y económico de la época. Denuncia abiertamente la codicia desmedida y el deseo de lujos, a merced de los sectores más indefensos de la sociedad. Además, reaccionó adversamente al intento de utilizar la religión para legitimizar las injusticias (1.10-20). De acuerdo al profeta, las grandes verdades religiosas y morales no son abstractas, sino que deben manifestarse de forma clara y concreta en la vida.

El texto hebreo

El texto hebreo del libro de Isaías está muy bien preservado; las variantes textuales en los diferentes manuscritos son mínimas.[41] Aunque se conservan algunas ediciones antiguas de Isaías en griego (LXX: Septuaginta),[42] arameo (Targum)[43] y latín (V: Vulgata Latina),[44] gracias a

---

41 En la exposición exegética se identificarán las más importantes.

42 J. Ziegler, ed., *Isaias, Septuaginta, Vetus Testamentum Graecum Auctoritae Academiae Scientiarum Gottingensis 14*, 3rd ed. Vanderhoeck & Ruprecht, Gottingen, 1983.

43 Josep Ribera Florit, *El targum de Isaías: versión crítica, introducción y notas*, Biblioteca Midráshica 6, Institución de San Jerónimo, Valencia, 1988.

los descubrimientos en Qumrán los estudiosos contemporáneos cuentan con varios manuscritos de antes de la era cristiana (p.e., 1QIs a, 1QIs b).[45] Esos manuscritos han ayudado en la comprensión de varios pasajes de Isaías en los cuales las lecturas del texto hebreo son difíciles, o en las que el manuscrito no está en buenas condiciones físicas para la lectura (p.e., 14.4; 21.8; 33.8).[46]

Bosquejo del libro

El siguiente bosquejo del libro identifica y destaca las secciones temáticas y literarias mayores de la obra.

I.   Presentación del mensaje y del profeta: 1—12

44 O. Weber, ed., *Biblia Sacra iuxta vulgatem versionem II*, Wurttembergische Bibelstalt, Stuttgart, 1969.

45 Antes de los descubrimientos del Mar Muerto, los manuscritos más antiguos del Antiguo Testamento eran los producidos por los masoretas de la familia de Ben Asher en Tiberíades. Watts, *op. cit.*, xxxv; Oswalt, *op. cit.*, pp. 29-31.

46 H. Orlinsky, «Studies in the St. Mark's Isaiah Scroll I», *JBL* 69, 1950, pp. 149-166; idem, «II», *JNES* 11, 1952, pp. 153-156; idem, «III», *JJS* 2, 1951, pp. 151-154; idem, «IV», *JQR* 43, 1952, pp. 329-340; idem, «V», *IEJ* 4, 1954, pp. 5-8; idem, «VI», *HUCA* 25, 1954, pp. 85-92.

Segunda parte:

El año en que murió el rey Uzías

El año en que murió el rey Uzías,
vi al Señor sentado en un trono muy alto;
el borde de su manto llenaba el templo.

ISAÍAS 6.1

Independencia y cautiverio

En cualquier obra literaria la comprensión adecuada del entorno histórico[1] que enmarcó al autor y a los destinatarios del mensaje es necesaria para una lectura inteligente de los textos. En los estudios bíblicos, el entendimiento de esos aspectos históricos es fundamental por una razón básica: el Dios que se revela en las Sagradas Escrituras es encarnacional; es decir, el Señor interviene en medio de las realidades y la historia humanas, y el análisis de esas particularidades revelan componentes teológicos de importancia capital para la comprensión y valoración adecuada del mensaje bíblico.

El caso específico del libro del profeta Isaías manifiesta una complejidad particular: la obra puede estudiarse a la luz de tres períodos históricos diferentes. La primera sección (1—39)

---

1 En nuestro análisis histórico seguimos por lo general la obra de J. Bright, *La historia de Israel*, Desclée de Brouwer, Bilbao, 1960, pp. 357-412. Otras obras consultadas sobre este tema, son; M. Noth, *Historia de Israel*, Ediciones Garriga, Barcelona, S.A., 1966, pp. 257-309; S. Hermann, *Historia de Israel en la época del Antiguo Testamento*, Sígueme, Salamanca, 1985, pp. 367-432; I. Kaufmann, *La época bíblica*, Editorial Paidós, Buenos Aires, 1975, pp. 125-137; G. Widengren, «The Persian Period», in J.H. Miller, eds; *Israelite and Judean History OTL*, The Westminster Press, Filadelfia, 1977, pp. 489-538.

generalmente se relaciona con el ministerio de Isaías de Jerusalén, por los años ca. 740—700 a.C.; la segunda parte del libro (40—55) presupone la época del cautiverio en Babilonia (ca. 587—538 a.C.); y la tercera (56—66) apunta hacia el período posterior al cautiverio de dominación persa (ca. 538—450 a.C.).

Esa característica de la obra isaiana demanda del estudioso un esfuerzo notable. La historia de Israel y Judá en esos períodos manifiesta años de independencia y cautiverio, guerra y paz, tranquilidad política y turbulencia social, conflictos nacionales y amenazas internacionales, además de dificultades y reformas religiosas. El libro de Isaías también toma en consideración y alude a menudo a la presencia, en el panorama político y militar de la región, de tres imperios con importantes políticas expansionistas: el asirio, el babilónico y el persa.

Sin embargo, es fundamental para proseguir nuestro análisis afirmar que la redacción final del libro presupone el contexto poscautiverio persa. Ese período, caracterizado por las luchas contra los samaritanos, la supervivencia histórica de los judíos y su búsqueda de sentido como pueblo, es el marco de referencia para la comprensión canónica del libro de Isaías. Los temas de la esperanza o el juicio revelados en

toda la obra isaiana no solo deben comprender-
se como el mensaje a las diferentes generaciones previas, sino la palabra divina que llegó a
la comunidad judía que deseaba descubrir el
sentido fundamental de la vida, luego del dolor
del cautiverio y las dificultades de reconstrucción nacional.

El Imperio Asirio y Judá: ca. 750—700 a.C.

La expansión rápida y decidida del Imperio
Asirio es el hecho político de más envergadura
en el Mediano Oriente, durante la segunda
mitad del siglo octavo a.C. Para Asiria este fue
el último período de gloria, antes de su derrota
final ante la coalición medobabilónica en el 609
a.C. Judá fue testigo de esas políticas expansionistas e imperialistas de Asiria.

Asiria y sus militares

Luego de la ascensión al trono del gran político,
estratega militar y hábil organizador Tiglat-pileser III [también conocido como Pul (2 R 15.19)]
en el año 745 a.C., la influencia de Asiria en la
región comenzó a crecer de forma firme y siste-

mática. Con la finalidad de expandir sus dominios e influencias, y de esa forma aumentar los ingresos del imperio, Asiria modificó las técnicas de guerra y dio a sus ejércitos moral de victoria. Su programa político y militar incluyó la transformación de los carros de combate (al incorporar ruedas más resistentes en su construcción y utilizar caballos de repuesto para facilitar el movimiento) y la protección de los soldados (se proveyó a los jinetes de corazas y a la infantería de botas). Ese poderío militar asirio, unido al firme deseo de conquistar Palestina, fueron factores que afectaron adversamente la vida de los pueblos de Israel y Judá.[2]

La política imperial expansionista que Asiria demostró e implantó durante este período fue un factor adicional que aceleró la conquista de pueblos y naciones. La primera etapa en el proceso consistía en una gran demostración de fuerza militar y voluntad política: se reducía a los estados y pueblos conquistados a una situación de vasallaje mediante el pago de tributos. Ante la sospecha de infidelidad o conspiración, una segunda etapa se llevaba a efecto: las tropas asirias destituían al monarca agredido y se

---

2   Bright, *op. cit.*, pp. 281-319.

ponía en su lugar a un títere del imperio; esta medida iba acompañada de más tributos, el control de la política interior y exterior de la nación, y la disminución del territorio. Por último, si persistía el espíritu de rebelión, una nueva intervención militar despojaba al pueblo de su independencia política, la nación se convertía en una provincia asiria y se deportaba a un gran número de sus ciudadanos que se sustituían por extranjeros. Esa intervención política y militar intentaba destruir la cohesión nacional y eliminar, o al menos disminuir, la posibilidad de nuevas conspiraciones. (El reino del Norte, Israel, experimentó esta política asiria en el 721 a.C.)

Durante sus años de reinado, Tiglat-pileser III (745—727 a.C.) extendió el dominio asirio a Urartu, Babilonia, Siria y Palestina. En esta última región, su intervención la precipitó la llamada guerra siroefraimita, a petición de Judá (Is 7—8). Desde ese momento (734 a.C.), Judá quedó intervenida por Asiria, en una situación de vasallaje.

Salmanasar V (727—722 a.C.) sucedió a Tiglat-pileser III en el Imperio Asirio. Ese período de transición debe haber sido visto por varias naciones como una oportunidad de rebelión y liberación. Israel consiguió su independencia, pero Judá se mantuvo al margen de las políticas independentistas de Siria e Israel. El resultado final de las conspiraciones y revueltas de este período fue la caída de Samaria, luego de dos años de asedio (722 a.C.) y la destrucción definitiva del Reino del Norte, en el 721 a.C.

Luego del asesinato de Salmanasar V, comenzó la época de Sargón II (721—705 a.C.). Este período es de gran importancia para la actividad profética y teológica de Isaías. En primer lugar, las campañas militares de Asiria contra Arabia, Edom y Moab (ca. 715 a.C.) provocaron inquietud en el profeta; sus reflexiones relacionadas con este período pueden estar incluidas en varios de sus oráculos a las naciones extranjeras (caps. 13—23). Isaías también intervino cuando se generó la rebelión filistea, incentivada y ayudada por Egipto. Judá, ante la destrucción del Reino del Norte y de Samaria, se mantuvo con bastante tranquilidad, pagando sus tributos a Asiria y sin intervenir en los grandes conflictos de la época.

Sargón II llegó al pináculo de su carrera política y militar en el 710 a.C., al conquistar Babilonia y derrotar decisivamente a los ejércitos de Merodac-baladán. Este triunfo le ganó el prestigio y el reconocimiento público que ninguno de los monarcas predecesores de Asiria había alcanzado.[3] Más tarde, en el 706 a.C., Sargón II murió en combate, una suerte desconocida en el Imperio Asirio que trajo el deshonor a sus ejecutorias.

El último de los reyes asirios que interviene en la política de Palestina durante el ministerio del profeta Isaías es Senaquerib (704—681 a.C.), quien sucedió a Sargón II. La comunidad internacional debe haber interpretado la transición de poder como un signo de debilidad, pues se generaron varios esfuerzos libertadores. Judá, junto a otros pequeños estados de la región (p.e., Ascalón y Ecrón), organizaron una guerra contra Asiria con el apoyo egipcio. El resultado para el pueblo judío fue nefasto (Is 36—39).

Judá y Jerusalén

El ministerio de Isaías se llevó a cabo en Jerusalén durante los reinados de Ozías, Jotam, Ahaz y Ezequías (ca. 781—687 a.C.; cp. Is 1.1). Luego de años de crisis, el reinado de Ozías (también conocido como Azarías; cp. 2 R 15.1-7)

---

3 En una inscripción de la nueva ciudad fundada en su honor, Sargón II se presenta como el «señor del universo»; J.N. Oswalt, *op. cit.*, p. 10. Es posible relacionar su orgullo a la descripción de Isaías 14.

manifestó cierto esplendor y prosperidad. De acuerdo al testimonio del historiador cronista (2 Cr 26), hubo victorias contra los filisteos y los árabes, los amonitas pagaron tributos a Judá, la ciudad de Jerusalén experimentó mejoras físicas, la agricultura se desarrolló positivamente, y se reformó y mejoró el ejército. Jotam actuó como regente de Ozías, durante la etapa final de su administración.

El reinado de Jotam (739—734 a.C.) no experimentó cambios mayores en la vida del pueblo judío. Ese período se caracterizó por una administración nacional eficaz y por un clima internacional sin grandes conflictos que afectaran directamente a Judá. Durante la administración de Jotam se venció a los amonitas (2 Cr 27) y continuaron las obras de fortalecimiento físico de la ciudad. La dinámica que más tarde generaría la guerra siroefraimita (2 R 15.37) comenzó durante este período. Por último, ese importante conflicto bélico se desató durante la administración de Ahaz (734—727 a.C.).

La guerra siroefraimita (2 R 16.5; 2 Cr 28.5-15) es fundamental para el ministerio de Isaías. El nombre del conflicto identifica las naciones que organizaron esta importante campaña militar contra el pueblo judío: Siria y Efraín (es decir, Israel) entraron en guerra contra Judá.

Los reyes Rasín, de Damasco, y Pecaj, de Samaria, formaron una coalición antiasiria e intentaron incorporar en el esfuerzo a Ahaz, rey de Judá. Ante la negativa del monarca judío, decidieron nombrar rey a un tal «hijo de Tabeel» (Is 7.6), que favorecía sus objetivos antiasirios. Otra posible causa de la guerra puede relacionarse con una serie de disputas territoriales en Transjordania.[4]

Para responder adecuadamente a las amenazas de guerra de Siria y Damasco (Is 7.2), el rey Ahaz solicitó ayuda al monarca asirio Tiglat-pileser III (2 R 16.7-9). Esa petición de ayuda militar trajo graves consecuencias políticas para el Reino del Sur: ¡Judá quedó sometida a Asiria! La época de independencia política y esplendor de Judá había finalizado. El reino de Judá se convirtió en vasallo del Imperio Asirio. Durante esta época, además, los edomitas conquistaron parte del territorio judío, particularmente la zona de Eilat (2 R 16.6).

Luego de la muerte de Ahaz, le sucede en el trono su hijo Ezequías (727—698 a.C.), que quizás comenzó su reinado muy joven.[5] Duran-

---

4 B. Obed, «The Historical Background of the Syro-Efraimite War Reconsidered», *CBQ* 34, 1972, pp. 153-165.

5 En torno a la discusión de la muerte de Ahaz, véase Bright, *op. cit.*, pp. 283-286.

te el período de la minoría de edad de Ezequías, a Judá la gobernó algún regente (727—715 a.C.); más tarde, al asumir oficialmente las responsabilidades reales (714—698 a.C.), el monarca judío organizó una reforma religiosa en el pueblo al eliminar los cultos paganos y afirmar la importancia de la Ley de Moisés (2 R 18.1-6; 2 Cr 29.1-36). Esas políticas religiosas le ganaron gran popularidad y prestigio, que la Escritura destaca con expresiones que revelan su fidelidad al Señor (2 R 18.4; 2 Cr 29—31). Su gobierno incluyó, además, la expansión de sus fronteras (2 R 18.8) y la organización del pueblo para alcanzar la independencia de Asiria. Esos esfuerzos libertadores fueron muy bien recibidos por Egipto y Babilonia.

Luego de la muerte de Sargón II (en el 705 a.C.), los luchas independestistas de los estados vasallos de Asiria en Palestina llegaron a un nivel óptimo. Judá, apoyado en Egipto, se convirtió en líder de una coalición antiasiria. El esfuerzo liberador incluyó a Filistea, Edom y Moab. Sin embargo, la habilidad militar de Senaquerib rápidamente superó los deseos de independencia de los estados palestinos. En el año 701 a.C., el famoso monarca asirio invadió a Judá y le impuso un muy fuerte tributo; sin embargo, antes de conquistar y destruir Jerusalén, regresó a Asiria (Is 37). Aunque la comunidad judía interpretó la decisión del monarca asirio como una prueba adicional de la intervención salvadora de Dios en la historia de su pueblo, el reinado de Ezequías no pudo resistir la crisis del asedio. Al morir Ezequías (698 a.C.) le sucedió su hijo Manasés; monarca que se distinguió en la historia bíblica por desarrollar una administración llena de corrupción religiosa y opresión política. Su reinado se prolongó cincuenta y cinco años.

Cautiverio en Babilonia: ca. 598—538 a.C.

El segundo período de importancia medular para la comprensión adecuada del libro de Isaías es el cautiverio en Babilonia. Esta época reconoce el avance del Imperio Babilónico en el Oriente Medio y, específicamente, su intervención definitiva en Judá y Jerusalén.

El nuevo Imperio Babilónico fundado por Nabopolasar llega a su esplendor con la presencia del gran estratega militar Nabucodonosor (605—562 a.C.). Las campañas de ese general babilonio en Palestina trajeron dolor, muerte, destrucción, cautiverio y deportación. A su paso firme y decidido, los pueblos derrotados veían cómo muchos de sus líderes morían, y eran testigos de cómo llevaban a otros cautivos a Babilonia. Las instituciones nacionales caían frente a las nuevas estructuras impuestas por el Imperio Babilónico; la conciencia nacional se hería; hasta la religión, con sus símbolos de culto, templo, sacerdotes y sacrificios, recibía un rudo golpe. Judá fue uno de los pueblos derrotados que vio cómo su historia se afectó permanentemente por el exilio.

Imperio Babilónico

Cuando Nabucodonosor venció a Egipto en la famosa batalla de Carquemish, en el año 605 a.C., el panorama histórico de Palestina tomó un nuevo giro: la influencia y poder babilónicos se convirtieron en factores políticos fundamentales en la región. Los ejércitos egipcios fueron definitivamente derrotados, quedando Siria y Palestina a merced del imperio vencedor.[6]

Mientras Judá estuvo bajo la dominación egipcia del faraón Necao, Joacim, el rey de Judá, fue su fiel vasallo. Sin embargo, con el

---

6   Bright, *op. cit.*, pp. 338-344.

abrupto cambio político internacional, el monarca judío trató de organizar una resistencia a Babilonia. Ese gesto de valentía y afirmación nacional produjo que se levantaran los contingentes babilónicos, junto a guerrilleros de las regiones vecinas (2 R 24.2; Jer 35.11), para mantener a Judá dominada. En el año 598 a.C., sucede a Joaquim su joven hijo de dieciocho años, Joaquín, que vio a la ciudad rendida a la potencia extranjera, a los tres meses de su reinado.

Con la victoria babilónica sobre Judá en el año 597 a.C., comenzó el período conocido comúnmente en la historia bíblica como «el cautiverio». Ese lapso se caracterizó por una serie de cambios bruscos en el gobierno y la presencia de líderes políticos al servicio de potencias extranjeras; además de matanzas, deportaciones en masa y dolor en la fibra más íntima del pueblo.

El año 597 a.C. fue testigo de la primera de una serie de deportaciones. El joven rey Joaquín, la reina madre, los oficiales gubernamentales y los ciudadanos principales, con los tesoros de la casa de Dios y los del monarca, fueron al cautiverio babilónico. El movimiento político emancipador de Joaquim costó muy caro al pueblo: Asaltaron las ciudades principales, redujeron el control del territorio, paralizaron la economía y diezmaron la población. La crisis de liderato nacional fue total y las personas que quedaron, según el profeta Jeremías (34.1-22), no representaban lo más eficiente en la administración pública, ni actuaban con sabiduría en el orden político.

Con la deportación del rey Joaquín, su tío Sedecías (o Matanías) quedó de gobernante. Como líder no parece haber sido muy sabio; además, por haber sido impuesto por el imperio dominante, los cautivos en Babilonia no lo tomaron muy en serio. Joaquín, aun en el cautiverio, se mantenía para muchos como rey en el destierro (cf. Jer 28.2-4).

Con el nuevo líder de Judá, se juntaron algunos ciudadanos prominentes que quedaron en Palestina y comenzó un fermento de rebelión patriótica nacionalista. Reuniones con Edom, Moab, Amón, Tiro y Sidón se llevaron a cabo para establecer un plan coordinado de respuesta al avance babilónico. Estos planes no prosperaron.

Con las dificultades internas en Babilonia, y posiblemente con la promesa de ayuda de Egipto, renace el espíritu de rebelión en Judá, que culminó en una derrota y experiencia de dolor inolvidable. Babilonia desarrolló todo su pode-

río militar y, aunque Jerusalén demostró valor
y coraje, en el año 587 a.c. el ejército de Nabucodonosor entró triunfante por los muros de la
ciudad, y destruyó, incendió, saqueo y ofendió
a Jerusalén. Sedecías vio la muerte de sus
hijos; más tarde lo cegaron y llevaron cautivo a
morir en Babilonia. Muchos ciudadanos murie-
ron en la invasión; otros, por las consecuencias;
a algunos líderes militares y religiosos los eje-
cutaron frente a Nabucodonosor; y dispersaron
o deportaron a Babilonia a un gran número de
la población. Esta segunda deportación fue testigo de la terminación de la independencia nacional y el fin de la personalidad política de
Judá.

En torno al cautiverio en Babilonia, y los
hechos que rodearon la conquista y destrucción
de Jerusalén, la arqueología[7] ha arrojado mucha luz. Luego del saqueo de Jerusalén, los
babilonios comenzaron a reorganizar a Judá
con un nuevo sistema provincial. Con la economía destruida, la sociedad desorganizada y la
población desorientada, vino a dirigir el país un
noble llamado Godolías. Este movió su gobierno

---

7 Una presentación adecuada y clara de la evidencia arqueológica
puede encontrarse en G.E. Wright, *Biblical Archaeology*, The Westminster Press, Filadelfia, 1960, pp. 115-127.

a Mispa, en busca de una política de reorganización nacional, pero parece no haber recibido el apoyo popular y en poco tiempo lo asesinaron. El descontento continuó en aumento y la tensión llegó a un punto culminante. Según el relato del profeta Jeremías (52.28-30), una tercera deportación surge en Judá en el año 582 a.C., quizás como respuesta y represión a este malestar y rebeldía. No es de dudar que la provincia de Judá se incorporó a Samaria en ese momento como parte de la reorganización de los babilonios.

Cuando hablamos del cautiverio y su entorno histórico, pensamos en dos y posiblemente tres deportaciones que dejaron una huella de dolor que nunca se borrará de la historia bíblica. Según el relato en el libro de los Reyes (2 R 24.12-16), los cautivos y deportados en el año 598 a.C. fueron diez mil y solo quedaron «los más pobres de la tierra». De acuerdo al libro de Jeremías (52.8-30), se entiende que las tres deportaciones sumaron cuatro mil seiscientas personas. De ese número, tres mil veintitrés se llevaron en el año 598 a.C.; ochocientas treinta y dos en el 587 a.C.; y setecientas cuarenta y cinco en la tercera deportación del año 582 a.C.

Ese último relato jeremiano, que tal vez viene de algún documento oficial del cautiverio, presenta una figura realista y probable de lo sucedido. La importancia de esos ochocientos treinta y dos ciudadanos deportados al caer la ciudad de Jerusalén no puede subestimarse. En ese grupo se encontraban los líderes nacionales: comerciantes, religiosos, militares, políticos; figuras de importancia pública, que al faltar produjeron caos en el establecimiento del orden y en la reorganización de la ciudad.

El período del cautiverio culmina con el famoso edicto de Ciro (2 Cr 36.22-23; Esd 1.1-4), que permite a los judíos regresar a sus tierras y reedificar el templo de Jerusalén. Las referencias bíblicas al hecho ponen de manifiesto la política exterior del Imperio Persa.[8] Este edicto se ejecuta con la victoria de Ciro sobre el Imperio Babilónico en el año 539 a.C.

Aunque se hace difícil describir en detalle lo sucedido en Judá luego del año 597 a.C., y sobre todo en Jerusalén luego del 587 a.C., el testimonio bíblico coincide con la arqueología de que fueron momentos de destrucción total. Todo el andamiaje económico, político, social y religioso sucumbió. La estructura de operación de la sociedad se destruyó. Deportaron al líde-

---

8 Bright, *op. cit.*, pp. 377-381.

rato del pueblo y los ciudadanos que quedaron tuvieron que enfrentarse al desorden, a las ruinas, a la desorganización y a las consecuencias físicas y emocionales de tales catástrofes. A esto debemos añadir el ambiente sicológico de derrota, la ruptura de las aspiraciones, la eliminación de los sueños, el desgaste de la energía síquica para la lucha y la obstrucción del futuro.

Los deportados y la gente que quedó en Jerusalén y Judá enfrentaban un gran conflicto y dilema, luego de la invasión de Babilonia. Cómo se podían reconciliar las expectativas teológicas del pueblo con la realidad existencial. Cómo se podía confiar en la palabra de fidelidad comunicada por los antiguos profetas de Israel. Cómo se explicaba teológicamente que se quemara, destruyera y profanara el templo de Jerusalén, cuando el pueblo lo entendía como habitación del Señor y como un lugar de oración, refugio y seguridad (2 R 8.10-13). Cómo se explicaba la ruptura de la dinastía de David, cuando había ya una profecía de eternidad, los salmos comunicaban la relación paternofilial de Dios con el rey (Sal 2.6) y se entendía que el canal para la bendición de Dios al pueblo venía a través del rey (Sal 72.6). Cómo se explicaba que «la tierra prometida» estuviera en manos de extranjeros, cuando ese tema fue crucial y determinante en los relatos patriarcales.

Lo que sucedió en Palestina al comienzo del siglo sexto a.C. fueron acontecimientos singulares. La historia se caracterizó por el dominio de Babilonia y la deportación de los líderes del pueblo invadido; el cambio de la dinastía davídica por títeres de la potencia extranjera; la reorganización de la sociedad con los patrones e intereses babilónicos; la terminación de los días de Judá como nación autónoma; la profanación del templo de Jerusalén.

La segunda parte de libro de Isaías responde a esa situación histórica del pueblo. Ante el dolor del destierro y el cautiverio, el Deuteroisaías presentó su mensaje firme de consolación y restauración nacional.

Las deportaciones

Los judíos que llevaron a Babilonia fueron objetos de presiones y humillaciones de sus captores (Sal 137). Sin embargo, aunque no eran libres, se les permitió vivir en comunidad, dedicarse a la agricultura, administrar negocios, construir casas y ganarse la vida de diversas formas (véase Jer 29). El rey Joaquín, llevado al cautiverio en el año 598 a.C., fue mantenido

por el gobierno babilónico y, además, era trata-
do con cierta consideración. Con el paso del
tiempo, muchos cautivos llegaron a ocupar posiciones de liderato político, económico y social
en Babilonia (p.e., Esdras y Nehemías).[9]

El Imperio Babilónico, durante este período,
experimentó una serie de cambios bruscos que
afectaron sustancialmente su administración y
permanencia. A Nabucodonosor le sucedió
Amel Marduk, a quien asesinaron al poco tiempo de comenzar su gestión (562—560 a.C.).
Neriglisar le sucede, pero no puede mantener el
poder por mucho tiempo (560—556 a.C.). El
usurpador Nabonido, aunque gobernó por algún tiempo, no pudo superar la crisis produci-
da por sus reformas religiosas (p.e., cambió el
culto a Marduk por el de Sin; decisión que
causó el descontento general entre los importantes sacerdotes de Marduk) y, posiblemente
por razones de seguridad, se trasladó a Teima
por siete años, dejando como regente de Babilonia a su hijo Baltasar.

Ciro, mientras imperaba el desorden y la
inseguridad en Babilonia, aumentó sistemáticamente su poder político con conquistas mili-

---

9   S. Pagán, *Esdras, Nehemías y Ester*, Editorial Caribe, Miami, 1992.

tares en todo el Mediano Oriente. Aunque comenzó su carrera como súbdito de los medos, conquistó su capital, Ecbataná, en el 553 a.c., con la ayuda de Nabonido. Más tarde, en el 547 a.c., Ciro marchó contra Lidia, conquistó Sardis y se apoderó de la mayor parte de Asia Menor. Y, por último, en la famosa batalla de Opis, conquistó definitivamente a Babilonia.[10]

Le segunda sección del libro de Isaías (40—55) se relaciona con este período de la historia bíblica; particularmente con los años anteriores al triunfo definitivo de Ciro y su entrada triunfal a Babilonia. Los mensajes proféticos que responden a este período toman en consideración el odio y los deseos de venganza de los judíos, junto a la nostalgia de la tierra prometida y los firmes deseos de liberación y regreso. Los mensajes proféticos están impregnados de dolor y esperanza; sin embargo, el tema fundamental es la consolación.

---

10 Referente a los triunfos de Ciro sobre Babilonia nos informan varios documentos antiguos; p.e., «La crónica de Nabonido» y «El cilindro de Ciro». Estos textos describen los ataques y las victorias persas; particularmente revelan el papel que desempeñó el general babilonio Gobrías, al pasarse a los ejércitos de Ciro. Alonso Schokel, *op. cit.*, p. 265; M. García Cordero, *Biblia y legado del Antiguo Oriente*, Cristiandad, Madrid, 1977, p. 544.

En el cautiverio una de las preocupaciones de los deportados era imaginar y proyectar la futura restauración de Israel. La esperanza de un regreso a las tierras que sus antepasados entendían que recibieron de Dios, nunca murió. La comunidad cautiva se negó a aceptar la realidad del destierro como definitiva: ¡el cautiverio era una experiencia transitoria! En ese sentido, la contribución de los profetas del destierro[11] fue muy importante. Estos líderes del pueblo se dieron a la tarea de afirmar el valor de la esperanza durante momentos de crisis, desarraigo y angustia.

El período persa:
ca. 538—400 a.C.

Cuando Ciro[12] hizo su aparición en la escena política y militar del Oriente Antiguo, Babilonia estaba en un franco proceso de decadencia social, espiritual, militar y política. Los mensajes proféticos en torno al Imperio Babilónico se hacían realidad (Is 45.20—46.13; 47): Babilo-

---

11 S. Pagán, *La resurrección de la esperanza*, ICDC, Bayamón, 1983, pp. 79-150.
12 Bright, *op. cit.*, pp. 378-380; Noth, *op. cit.*, pp. 275-284.

nia no tenía fuerza militar, e internamente estaba llena de conflictos y descontentos religiosos, sociales, políticos y económicos (Is 41.1-7; 46). Además, Nabonido, el monarca de turno, carecía de la confianza y del respeto del pueblo. En el año 539 a.C. los ejércitos persas entraron triunfantes en Babilonia y comenzó una nueva era en la historia del pueblo de Dios.

Con la victoria de Ciro sobre Babilonia se consolidó uno de los imperios más poderosos que se conocían hasta entonces en la historia: el Imperio Persa. La filosofía administrativa y política de Persia se distinguió, entre otros, por los siguientes aspectos: no destruyó las ciudades conquistadas; respetó la vida, los sentimientos religiosos y la cultura de los pueblos sometidos; y mejoró las condiciones sociales y económicas del imperio. Ciro, además, utilizó la religión para consolidar el poder, al participar en un culto donde se autoproclamó enviado de Marduk, el dios de Babilonia.

En continuidad con su política de respeto y afirmación de los cultos nacionales, siempre y cuando no afectaran la lealtad al imperio, Ciro promulgó en el año 538 a.C. un importante edicto que favoreció al pueblo judío deportado. Del llamado «edicto de Ciro» la Biblia presenta dos versiones: la primera, escrita en hebreo, se encuentra en Esdras 1.2-4; la segunda, en arameo, en la forma tradicional de un decreto real, se encuentra en Esdras 6.3-5.

El texto arameo del edicto estipula la reconstrucción del templo con la ayuda económica del Imperio Persa; además, presenta algunas regulaciones referentes a la reconstrucción; y añade, que los tesoros reales llevados a Babilonia por Nabucodonosor desde el templo de Jerusalén, deben devolverse a su lugar. El texto hebreo del edicto incluye, además, que los judíos que querían regresar a su patria podían hacerlo; también se invita a los que se quedaron en Babilonia a cooperar económicamente en el programa de restauración.

Para guiar el regreso a Palestina, y dirigir las labores de reconstrucción, Ciro seleccionó a Sesbasar, uno de los hijos del rey Joaquín (1 Cr 3.18), y lo designó gobernador (Esd 5.14). Al viaje de regreso a Jerusalén, quizás organizado de forma inmediata, solo un pequeño sector del pueblo le debe haber acompañado. Únicamente los judíos más ancianos recordaban la ciudad de Jerusalén; el viaje era muy largo, costoso y lleno de peligros; la tarea encomendada era difícil; y la meta del viaje era un territorio pobre, despoblado y relativamente pequeño.

Tan pronto llegaron a Jerusalén, comenzaron el trabajo de reconstrucción y, posiblemente, reanudaron algún tipo de culto regular entre las ruinas del templo. Ese período debe haber estado lleno de expectación, esperanza y sueños. El pueblo esperaba ver y disfrutar el cumplimiento de los mensajes proféticos de Isaías (40—55) y Ezequiel (40—48); sin embargo, recibió el rudo golpe de la desilusión, la frustración y el desaliento.

Los años que siguieron a la llegada de los primeros inmigrantes a Palestina estuvieron llenos de dificultades, privaciones, inseguridad, crisis y violencia. A esa realidad debemos añadir que la ayuda del Imperio Persa nunca llegó, la relación con los samaritanos fue abiertamente hostil y el desánimo de los trabajadores al ver el poco esplendor del edificio que construían desaceleró las labores de reconstrucción (Hag 2.3; Esd 3.12-13).

De Sesbasar realmente sabemos poco. Desconocemos lo que sucedió con él, pues deja de mencionarse en los documentos bíblicos. Le sustituyó Zorobabel, su sobrino.

Reconstrucción del templo

Ciro murió en el año 530 a.C. y le sucedió en el trono su hijo mayor, Cámbises. Este continuó la política expansionista de su padre hasta que murió en el año 522 a.c. Su gestión política y su muerte trajeron al imperio un período de inestabilidad y crisis. A Darío I, quien le sucedió, le tomó varios años reorganizar el imperio y consolidar el poder.

A la vez que el Imperio Persa se conmovía en sus luchas internas, el año 520 a.C. fue testigo de la contribución profética de Hageo y Zacarías. Además, ese período fue muy importante en el proceso de renovación de la esperanza mesiánica en la comunidad judía. La crisis en el imperio, unida al entusiasmo que produjeron las profecías mesiánicas en torno a Zorobabel, fueron factores importantes para que el templo se reconstruyera e inaugurara en el año 515 a.C. Este templo, conocido como el «segundo templo» y destruido por los romanos en el año 70 d.C., no podía compararse con el templo de Salomón. El culto tampoco era una reproducción de la experiencia del precautiverio. Sin embargo, el templo y el culto eran símbolos de unidad dentro de la comunidad, afirmaban la continuidad cúltica y religiosa con el Israel del precautiverio y, además, celebraban la importancia de las tradiciones para el futuro del pueblo.

Nuestro conocimiento de la comunidad judía luego de la reconstrucción del templo no es extenso. Las fuentes que están a nuestra disposición son las siguientes: las referencias que se encuentran en los libros de Crónicas, Esdras y Nehemías; lo que podemos inferir de los libros de los profetas Abdías, Zacarías y Malaquías; los descubrimientos arqueológicos[13] relacionados a esa época; y la historia antigua.[14] Todas estas fuentes apuntan hacia el mismo hecho: la comunidad judía, aunque superó la crisis del regreso y la reconstrucción, estaba esencialmente insegura y se sentía defraudada. Las esperanzas que anidaron y soñaron en el cautiverio no se materializaron, y las expectativas mesiánicas en torno a Zorobabel no se hicieron realidad. La comunidad judía restaurada no era una sombra del Israel antes del cautiverio. Al

---

13 A. Crowley, *Aramaic Papyri of the Fifth Century B.C.*, Clarendon Press, Oxford, 1923; E.G. Kraeling, *The Brooklyn Museum Aramaic Papyri*, Yale University Press, New Haven, 1953; Pritchard, *ANET*, pp. 491ss; D. Kidner, *Ezra and Nehemiah*, Intervarsity Press, Leicester, England, 1979, pp. 143-146.

14 Kidner, *op. cit.*, pp. 143-146; H.G.M. Williamson, *JTS (NS)* 28, 1977, pp. 49-66.

sueño y la esperanza los sustituyeron el desánimo y la frustración.

La historia de la comunidad judía en Jerusalén estuvo estrechamente relacionada con la historia del Imperio Persa. Darío I, quien gobernó el imperio durante los años 522—486 a.c., no solo desplegó su poder militar, sino que, además, demostró gran capacidad administrativa. Al mantener la política expansionista de sus predecesores, dividió el Imperio Persa en veinte satrapías o distritos semiautónomos. Cada satrapía tenía su gobernante, con el título de «sátrapa», a quien los gobernadores locales debían informar. Un cuerpo militar supervisaba al sátrapa y respondía al rey persa. El sistema intentaba establecer un balance de poderes en los varios niveles administrativos, políticos, económicos y militares del imperio. Sin duda, durante la administración de Darío I, Persia alcanzó uno de los momentos más importantes de su historia.

Jerjes sucedió a Darío I y reinó sobre el Imperio Persa durante los años 486—465 a.C. Sus habilidades como administrador y militar no estuvieron a la altura de su padre y predecesor. En el proceso de afianzarse en el poder, se ocupó de detener una revuelta que se había desarrollado en Egipto y, posteriormente, otra en Babilonia. Al superar la dificultad en Babilonia se presentó ante el pueblo como rey. En su programa militar se incluyen los siguientes hechos: invadió a Grecia; cruzó Macedonia; destruyó un grupo de espartanos en Termópilas; y conquistó Atenas e incendió la Acrópolis. Luego de una serie de fracasos en Salamina, Platea y Samos, Jerjes se retiró de Europa. Al final, lo asesinaron.

Artajerjes I Longímano sucedió a Jerjes, y gobernó el imperio durante los años 465—424 a.C. Durante ese tiempo la inestabilidad y debilidad del imperio fue creciendo. Las campañas militares que se llevaban a cabo en Asia, Europa, los países del Mediterráneo y Egipto, fueron algunos de los factores importantes en el debilitamiento continuo del poderoso Imperio Persa.

La realidad política de Persia fue un factor que afectó continuamente la vida de las comunidades judías dentro del imperio. Desde la inauguración del templo en el año 515 a.C. hasta el año 450 a.C., se pueden identificar varias comunidades judías en diferentes lugares del imperio. Aunque no poseemos mucha información de algunos de estos grupos, la presencia de judíos en la llamada «diáspora», [15]

---

15 Después de la destrucción de la ciudad de Jerusalén y la deportación de muchos judíos a Babilonia, se establecieron comunidades judías en diversos lugares de Egipto, Asia y Babilonia. Algunas de

es un aspecto importante para comprender de forma adecuada la experiencia posterior al cautiverio de la comunidad judía.

En Babilonia, que era el centro de la vida judía en la diáspora, la comunidad florecía; prosperaron económica y políticamente. En Sardes o Sefarad, en Asia Menor, se tiene conocimiento de la existencia de una comunidad judía, aunque no se poseen detalles precisos. En Elefantina, Egipto, se conoció otra muy importante comunidad judía. Era un grupo próspero, con cierta independencia religiosa; entre otras cosas construyeron un templo alterno al de Jerusalén. Los descubrimientos arqueológicos encontrados en ese lugar son una fuente de información muy importante en el estudio de este período.[16]

---

esas comunidades prosperaron; además, mantuvieron contactos con la comunidad judía restaurada en Jerusalén. A esos judíos que vivían fuera de Jerusalén o en la diáspora, se conocen como los de la dispersión. J.A. Sanders, «Dispersion», *IDB*, Vol. 1, pp. 854-856.

16 El papiro de la Pascua descubierto en Elefantina contiene las regulaciones del Imperio Persa para la observación de la Ley judía. Esas regulaciones son similares a las que implantó Esdras en Jerusalén. Posiblemente las mismas eran una extensión de la autoridad que se había dado a Esdras. Véase D.J. Clines, *Ezra, Nehemiah, Esther, NCBC*, Wm. B. Eerdmans Pub. Co., Grand Rapids, London, 1984, p. 22; B. Porten, *Archives from Elephantine. The life of an Ancient Jewish Military Colony*, University of California Press, Berkeley,

Luego de la reconstrucción del templo el número de judíos que se animó a regresar a Jerusalén aumentó. Las listas que aparecen en Esdras 2 y Nehemías 7 quizás se relacionan con un censo de la población de Judá durante la época de Nehemías. Un buen número de estos, aproximadamente cincuenta mil habitantes, deben haber llegado luego de reconstruido e inaugurado el templo.

Durante la administración persa, Judá era parte de la quinta satrapía conocida como «Del otro lado del río», en referencia al río Éufrates, y quizás se gobernaba desde Samaria. Los asuntos locales estaban bajo la incumbencia de los sumos sacerdotes, entre los cuales debemos identificar a Josué, luego Joiacim, a quien le sucedió Eliasib, después Joiada, luego Jonatán y, después, Jadúa (Neh 12.10,26).

Estos dos niveles administrativos deben haber estado en conflicto continuo y creciente. Los oficiales de Samaria no solo impusieron cargas tributarias excesivas al pueblo, sino que fomentaron el enfrentamiento entre la comunidad judía y el Imperio Persa (Neh 5.4,14-19; Esd 4.6).

1968, p. 130.

La comunidad judía en Jerusalén se sentía completamente insegura. Las relaciones con los samaritanos eran cada vez más tirantes. A su vez, este fue un período cuando los árabes estaban en un proceso de reorganización y reconquista. Sus incursiones militares hicieron que los edomitas se movieran de sus tierras y se ubicaran al sur de Palestina hasta el norte de Hebrón. Para los judíos esas no eran buenas noticias, pues las relaciones entre judíos y edomitas no eran las mejores (Abd 1-14,15-21).

Con este marco histórico de referencia podemos identificar algunas causas de la inseguridad de la población judía en Jerusalén durante el reinado de Artajerjes I: la hostilidad de los samaritanos; la enemistad con los edomitas que se acercaban; el desarrollo político y militar de Egipto; y las dificultades con el Imperio Persa fomentadas por los samaritanos. Frente a esta realidad, la comunidad judía decidió reconstruir las murallas de Jerusalén y fortalecer la ciudad. Este fue el entorno político que antecedió la llegada de Nehemías a la ciudad de Jerusalén, en el año vigésimo del rey, o sea, el año 445 a.C. (Neh 2.1-10).

Condición espiritual de la comunidad judía

La realidad política, económica y social de la comunidad judía después del cautiverio sin duda afectó su condición moral y espiritual. Nuestras fuentes para descubrir y comprender esa dinámica interna del pueblo, luego de la inauguración del templo de Jerusalén, son los mensajes proféticos contenidos en los libros de Isaías y Malaquías, y el material que se encuentra en las memorias de Nehemías.

Luego de la inauguración del templo en el año 515 a.C., la comunidad judía adquirió un carácter cúltico, religioso. Al percatarse que formaban parte de un imperio bien organizado y poderoso, reinterpretaron las tradiciones antiguas del Israel antes del cautiverio, a la luz de las nuevas realidades después del cautiverio. Aunque el culto carecía de su antiguo esplendor, este volvió a ser el centro de la comunidad.

La condición moral y espiritual del pueblo puede entenderse a la luz de las siguientes realidades: los sacerdotes hacían caso omiso de la Ley, y ofrecían en sacrificio animales hurtados, enfermos, ciegos y cojos (Mal 1.6-14); la Ley se interpretaba con parcialidad e injusticia (Mal 2.1-9); el sábado o día de reposo, que se había convertido en un símbolo del pacto o alianza durante el período del cautiverio, no se guardaba debidamente (Neh 13.15-22); la comunidad olvidó sus responsabilidades económicas, como los diezmos y las ofrendas, obligando a los levitas a abandonar sus responsabilidades para subsistir (Mal 3.7-10); la fidelidad a la Ley se cuestionaba (Mal 2.17; 3.13-15); los divorcios se convirtieron en un escándalo (Mal 2.13-16); se engañaba a los empleados y se oprimía al débil (Mal 3.5); se embargaban los bienes a los pobres en tiempos de escasez y crisis, o se hacían esclavos para pagar impuestos y deudas (Neh 5.1-5); y los matrimonios entre judíos y paganos se convirtieron en una seria amenaza para la identidad de la comunidad (Mal 2.11-16; Neh 13.22-27).

Ese era el contexto religioso, moral y espiritual de Jerusalén: una comunidad judía desmoralizada y desanimada que permitió una práctica religiosa superficial, sin afirmar, entender, celebrar ni expresar los grandes postulados éticos y morales de la fe de los profetas clásicos de Israel, tales como Isaías, Jeremías y Ezequiel, entre otros. Tanto la realidad política como espiritual requerían cambios fundamentales, reformas radicales, transformaciones profundas.

El libro de Isaías y el entorno social de los judíos

La dinámica social de la comunidad judía luego del cautiverio se relaciona con, por los menos, cuatro grupos básicos: los judíos que regresaron de Babilonia; los judíos que permanecieron en Judá y Jerusalén; los extranjeros que convivían con los judíos, sobre todo en Jerusalén; y los judíos de la diáspora. La comprensión de las expectativas, necesidades y características teológicas de cada grupo, junto al estudio de las relaciones entre ellos, es fundamental para el análisis global o canónico del libro de Isaías, pues la redacción final de la literatura isaiana se llevó a efecto durante el período persa en Jerusalén.[17]

Aunque el libro de Isaías contiene importantes oráculos y narraciones que nacen en la actividad y la palabra del profeta del siglo octavo a.C., e incluye, además, magníficos poemas del cautiverio, la redacción final de la obra se llevó a efecto luego del regreso de los deportados en Babilonia a Jerusalén.[18] El análisis de la

---

17 Watts, *op. cit.*, pp. xxix-xxx; Seitz, *op. cit.*, pp. 3-4; Clements, *op. cit.*, 7-8.
18 El proceso de redacción de las diferentes secciones del libro de Isaías es sin duda un tema complejo; véase Clements, *op. cit.*, pp. 3-8.

última sección del libro (56—66), o Tritoisaías, puede ser de gran ayuda en la comprensión de la redacción final de toda la obra isaiana.

Por la situación política de Judá y la condición espiritual de la comunidad judía en general, se generó en Jerusalén un conflicto muy serio en torno al futuro del pueblo. Las temas y asuntos básicos de la vida comenzaron a analizarse de nuevo. El pueblo y sus líderes vuelven a ponderar las implicaciones teológicas y prácticas del pacto y del éxodo, y se evalúa la naturaleza misma de ser pueblo de Dios. ¿Qué significa ser el Dios de la historia? ¿Cuál es la misión fundamental del pueblo de Dios en el mundo? ¿Significará el juicio divino el rechazo permanente de Dios?

Se descubre, en la lectura minuciosa y atenta de Tritoisaías (56—66), dos grandes tendencias sociales, teológicas y políticas en la comunidad judía.[19] Por un lado existía un grupo sacerdotal con características bastante bien definidas: controlaba el culto oficial en el templo reconstruido y contribuía de forma importante al es-

---

19 P.D. Hanson, *The Dawn of Apocalyptic*, Fortress, Filadelfia, 1975; idem, «Third Isaiah: The Theological Legacy of a Struggling Community», C.R. Seitz, ed., *Reading...*, pp. 91-103; Alonso Schokel, *op. cit.*, pp. 344-345.

tablecimiento de la política hacia los judíos en Judá y en la diáspora, mediante diálogos con las autoridades persas. Ciertamente este grupo, que muy bien puede caracterizarse como «sacerdotal», era muy pragmático, realista y antiescatológico; dispuesto a hacer valer sus intereses a toda costa. En efecto, estaba preparado hasta a pactar con Persia, si los acuerdos favorecían sus necesidades políticas y apoyaban sus programas religiosos en Jerusalén.

En contraposición al llamado grupo «sacerdotal», se desarrolló otro grupo (relacionado espiritual y teológicamente con el profeta Isaías, y con otros profetas que continuaron la reflexión y la contextualización del mensaje isaiano) de una mentalidad más abierta y con una percepción más democrática del liderato. Este grupo, que podría catalogarse de «profético», representa la oposición firme al sector sacerdotal tradicional en Jerusalén: el sacerdocio, para este grupo, se debe extender a toda la comunidad, y aunque se revela una gran apertura hacia los extranjeros, los miembros de este grupo no están dispuestos a hacer componendas con el Imperio Persa. Particularmente importante es el sentido escatológico que manifiesta este grupo, pues los miembros de la comunidad esperan la intervención extraordinaria de Dios.

El continuo choque entre estas dos mentalidades, perspectivas diferentes de la vida y tendencias teológicas es el entorno histórico de la sección final del libro de Isaías (56—66). Esa dinámica, además, es la fuerza social, el contexto teológico y el semillero temático que produjo la redacción final de todo el libro. Los conflictos políticos y religiosos que se produjeron en Judá, y sobre todo en Jerusalén, a raíz de las relaciones de estos dos grupos fue el marco de referencia de la redacción final de la gran obra isaiana. Ese conflicto es la matriz de una contribución literaria y teológica monumental: el libro del profeta Isaías.

La redacción final del libro de Isaías puede fijarse en el período persa por dos razones básicas. En primer lugar se identifica específicamente a Ciro como el «ungido del Señor» (45.1),[20] hecho que alude al decreto de liberación de los judíos que marcó el fin del cautiverio en Babilonia (538 a.C.) e identifica el comienzo de la hegemonía persa sobre Judá.

---

20 El importante asunto de la predicción profética es discutido por Oswalt, *op. cit.*, pp. 46-49.

Otro dato de importancia en la identificación del contexto histórico de la redacción final del libro de Isaías es la referencia a Edom[21] en 63.1-6. Luego del cautiverio en Babilonia, los edomitas manifestaron una gran enemistad y falta de solidaridad hacia los judíos; esa dinámica de hostilidad generó la profecía abiertamente antiedomita de Adbías. Es importante añadir, además, que en las obras de Esdras y Nehemías no se menciona a Edom; este silencio puede ser una indicación que ya para mediados del siglo quinto esta nación no presentaba una preocupación seria para la comunidad judía.

Al juntar esta información podemos identificar la primera mitad del siglo quinto como el entorno histórico probable para la redacción final del libro de Isaías (ca. 500—450 a.C.).

---

21 La hostilidad entre Israel y Edom llegó a su punto culminante con el triunfo de Babilonia sobre Judá y el comienzo del cautiverio (587). Los edomitas hicieron causa común con los enemigos y celebraron el desastre en Judá (Sal 137.7); además, ayudaron a capturar a algunos fugitivos judíos (Abd 14). Por esas acciones antifraternales y abiertamente agresivas contra los judíos, Abdías presentó su mensaje de juicio a Edom que era palabra de esperanza para Judá.

Tercera parte:

El Dios santo de Israel

*El Señor Todopoderoso
mostrará su grandeza en el juicio;
el Dios Santo
mostrará su santidad haciendo justicia.*
ISAÍAS 5.16

Sensibilidad espiritual y creatividad teológica

Una de las grandes virtudes del libro de Isaías se pone de manifiesto en la presentación de su teología. Aunque la capacidad literaria y la profundidad espiritual de la obra son magistrales, y sin duda el análisis político y la evaluación social son extraordinarios, la gran contribución del libro de Isaías a la literatura bíblica y universal es la teológica. En la elaboración de las ideas, en la presentación de los temas y en el desarrollo de sus postulados fundamentales se revela una serie de conceptos que ponen de relieve la gran sensibilidad espiritual y la creatividad teológica del libro.

Presentar de forma resumida y ordenada la extensión y profundidad del mensaje isaiano es un trabajo difícil. Sin embargo, una lectura cuidadosa del libro puede identificar varios vectores que servirán de guía en el análisis teológico.

Por un lado, el profeta Isaías manifiesta, como su contemporáneo Amós, un mensaje claro y firme de denuncia social;[1] y a ese men-

---

1 J.L. Mays, *Amos: A Commentary*, The Westminster Press, Filadelfia, 1969; H.W. Wolff, *Amos the Prophet: The Man and His Background*, Fortress, Filadelfia, 1973.

saje se une una crítica política seria y una gama extensa de recomendaciones religiosas al pueblo. La problemática a la que ambos profetas reaccionaron era en esencia la misma: presentaron una crítica severa a los sectores dominantes de la sociedad por el orgullo, la codicia y las injusticias.

La obra isaiana, en efecto, revela un gusto extraordinario por unir la sociología, la política y la teología. Lo religioso no está ajeno a las vivencias cotidianas del pueblo, y lo espiritual no está reñido con la evaluación sosegada de las fuerzas que afectan las decisiones y los comportamientos de los individuos y los pueblos. El mensaje, además, manifiesta una gran influencia de la teología de la elección de David y la inviolabilidad de Sión.[2]

Una característica básica de la teología de Isaías es la presencia continua de una serie de temas que se disponen en oposición. Estos contrastes no solo son ejemplos de las capacidades de comunicación y las virtudes literarias del profeta y de los editores del libro, sino que subrayan el poder teológico y espiritual del lenguaje.

---

2 Alonso Schokel, *op. cit.*, pp. 109-110.

El contraste teológico fundamental del libro es la grandeza divina y la pequeñez humana. Ese binomio se desarrolla de forma sistemática en la obra. Revela el fundamento del pensamiento isaiano: el Dios bíblico, cuyo poder y santidad sobrepasan las capacidades de imaginación, está muy interesado en establecer una relación bilateral con la humanidad. El pacto, de esta forma, se presenta en el libro de Isaías como un tema implícito de importancia capital (42.6; 49.8; 54.10; 55.3).[3]

Otros contrastes que pueden identificarse son los siguientes: la gloria divina y la degradación humana; el juicio de Dios y la redención de la humanidad; lo alto y lo profundo; la sabiduría divina y la estupidez de los ídolos; la fecundidad y la abundancia relacionada con las bendiciones divinas, y el vacío y la desolación identificada con los ídolos; y la humildad y la arrogancia. Estos pares de temas enmarcan lo fundamental de la teología del libro, además,

---

3 Aunque la palabra «pacto» o «alianza» no aparece con frecuencia en Isaías, la idea está muy presente en el libro. En efecto, la relación misma del pueblo con Dios se define en términos del pacto entre el Señor y su pueblo. En el Deuteroisaías se alude a la «alianza (o pacto) de paz» (54.10), que destaca la compasión y el amor divino por su pueblo.

sirven para orientar a los lectores en la identificación de las prioridades teológicas y temáticas de la obra.[4]

Una mirada atenta al mensaje del libro muestra, además, varios objetivos básicos en la articulación teológica. En primer lugar, el mensaje de crítica y denuncia social requiere un cambio drástico en la conducta del pueblo. El profeta, en sus advertencias, no presenta una palabra de desesperanza frustrada; pretende, mediante la articulación de un mensaje transformador, un cambio sustancial en el comportamiento del pueblo, demanda una nueva actitud hacia la vida (1.17). Esa conversión se fundamenta en el establecimiento de unas relaciones rectas con Dios y en la restitución de unas relaciones dignas entre los seres humanos. El objetivo más importante en este mensaje isaiano es provocar en la comunidad un encuentro con Dios que facilite la aceptación de lo divino en medio de las vivencias humanas, que permita la asimilación de la santidad divina en las acciones diarias del pueblo.

---

4   En esta sección del análisis teológico del libro de Isaías utilizaremos fundamentalmente las ideas que se incluyen en la obra de Oswalt, *op. cit.*, pp. 31-44. Véase también Alonso Schokel, *op. cit.*, pp. 109-110.

Santidad, grandeza y majestad de Dios

En torno a la naturaleza de Dios, el libro de Isaías es revelador: subraya la grandeza y la majestad divinas. Desde la narración de la vocación profética, que presenta al Señor en su trono «alto y sublime» (6.1), se ponen de relieve los atributos divinos de majestad: la tierra está llena de su gloria (6.3). Y esa percepción de la gloria y la autoridad divinas se manifiesta de forma continua a través de todo el libro: el Imperio Asirio es un instrumento, «un palo» o «una vara», de su ira (10.5); el poderoso rey de Persia, Ciro, es solo un niño guiado por la mano del Señor (45.1); las grandes naciones del mundo son movidas y guiadas por su voluntad (14.22-23; 40.15,21-23; 47.1-4); y los ídolos, ante su gloria y poder, desaparecen (2.6-22; 45.20-25). La reacción humana, ante tal demostración de esplendor y gloria divinas, debe ser de confianza y obediencia (8.11-15; 40.12-31).

De acuerdo al libro de Isaías, a la gloria divina se le une su santidad: el título preferido por el profeta para referirse al Señor es el «Dios Santo de Israel».[5] La santidad divina se manifiesta al comienzo del libro (1.4), se destaca en la narración de vocación (6.3) y se desarrolla de forma dramática en el resto de la obra (10.20; 40.25; 49.7; 60.9,14). Dios es Santo pues tiene la capacidad y la voluntad de salvar (43.3); además, tiene el poder de crear (40.25-26; 43.1).

La santidad divina tiene, además, claras implicaciones prácticas. De acuerdo al relato de vocación, ante la santidad de Dios, Isaías respondió con una actitud de humildad y con una declaración ética: «soy un hombre de labios impuros y vivo en medio de un pueblo de labios impuros» (6.6). Ese reconocimiento de la realidad moral del pueblo, que se refleja también en los oráculos iniciales de la obra (1.10-18), es una preocupación fundamental en el libro. La crisis teológica que se plantea no se percibe en términos filosóficos (p.e., entre lo infinito y lo finito, o entre lo perfecto y lo imperfecto), sino en términos éticos, existenciales y concretos: cómo traducir la experiencia religiosa relacionada con los festivales nacionales y los sacrificios diarios a las vivencias cotidianas del pueblo. El reto de la teología de Isaías es el

---

5 La frase no solo manifiesta el carácter divino, sino parte de su naturaleza que quiere poner a disposición de la humanidad; Oswalt, *op. cit.*, p. 33; H. Ringgren, *The Prophetical Conception of Holiness*, Uppsala University, Uppsala, 1948.

siguiente: cómo demostrar la santidad divina de forma práctica en la administración diaria de la justicia, pues, de acuerdo al profeta, el propósito de Dios es compartir su santidad con la humanidad (35.8; 48.2; 60.14; 62.12).

El componente ético y moral de la santidad de Dios se subraya a través de todo el libro. El pueblo, aunque participa activamente del culto y ofrece sacrificios a Dios, también vive en medio de mentiras y robos, y patrocina la opresión de los inocentes (p.e., 1.4,21-23; 5.20; 9.17—10.4; 30.12). Manifiesta, además, una actitud de arrogancia e infidelidad (3.11-15; 22.15-25; 32.5-7; 59;5-8), que no son compatibles con el compromiso divino hacia la humanidad (10.20; 12.6; 29.23; 30.18; 31.4-5; 49.7), sobre todo hacia los necesitados y marginados del pueblo (29.19; 57.15). La infidelidad es un acto de rechazo a la santidad de Dios (8.13; 30.11-12; 31.1). Y ante la infidelidad humana se presenta la fidelidad divina, que a su vez afirma su poder redentor (41.14; 43.3,14-15; 47.4; 48.17).

Los ídolos

El libro de Isaías se redactó finalmente luego de la experiencia del cautiverio de Israel en Babilonia; y en la diáspora, la idolatría no era un asunto hipotético ni abstracto, sino real e inmediato. En su entorno diario, el pueblo convivía en medio de templos y estatuas de divinidades que delataban en forma elocuente el ambiente politeísta en el cual vivían. Las celebraciones litúrgicas y los festivales religiosos babilónicos eran el recuerdo continuo del contexto idolátrico y pagano que les rodeaba. La respuesta de la obra isaiana se presenta con ironía: ¡Aun los famosos dioses babilónicos Bel y Nebo se desploman y derrumban! (46.1-2; 47.15).

Mediante el uso del artificio literario del sarcasmo, el libro de Isaías presenta una crítica severa a los ídolos y a la idolatría. Se destaca la estupidez de los adoradores al no reconocer que la madera que se ha utilizado para esculpir y tallar las imágenes ha sido previamente usada para cocinar (44.9-20; véase también 2.8,20; 17.7-8; 30.22; 31.7; 41.6-7; 57.12-13). En un inicio, se presenta un proceso legal contra los dioses falsos (43.9), prosigue una sátira contra los ídolos y sus artesanos, y la crítica culmina contra quienes les rinden culto (40.18-20; 41.6-7; 42.17; 46.16).

Los ídolos son malas representaciones de las imperfecciones humanas, aunque intentan mostrar su expresión máxima; es decir, su poder y capacidad. Demuestran, en efecto, impotencia y desconocimiento (2.6-22): no pueden explicar el pasado, ni tampoco pueden predecir el futuro (41.22-23; 43.8-9; 44.6-8; 45.20-23), ni mucho menos pueden afectar el presente (41.23; 45.16,20; 47.12-15). Los ídolos son manifestaciones de la creatividad humana que no pueden trascender las leyes naturales.[6]

El Dios de Israel, por el contrario, es creador, redentor y juez de la humanidad y del cosmos; esas características le permiten interpretar el pasado y anunciar el porvenir (41.26-29; 42.24-26; 44.7-8; 45.21; 46.10; 48.3-6,12-16). Y mientras los ídolos no pueden intervenir en la historia, pues su impotencia les mantiene cautivos, el Santo de Israel puede hacer cosas nuevas, incluyendo la transformación de la experiencia del cautiverio en un nuevo éxodo (40.3; 43.16-21). El argumento fundamental

---

6 Aunque la crítica a los ídolos se enfatiza en el Deuteroisaías, el tema se manifiesta también en el resto de la obra (véase, p.e., 2.8,18,20; 17.7-8; 27.9; 30.22; 31.7; 37.19); Oswalt, *op. cit.*, p. 35.

contra los ídolos es que no pueden anunciar lo que sucederá, ni tienen el poder de actuar de forma decidida en la historia humana. La esperanza de la liberación y transformación nacional no puede fundamentarse en la confianza en los ídolos.

El Dios de la historia

El concepto de la santidad divina y la crítica a los ídolos en Isaías preparan el camino para la comprensión de un postulado teológico más amplio y fundamental: el Dios Santo de Israel es el Señor de la historia. Esa afirmación categórica revela que Dios tiene planes definidos con la humanidad (14.24-27; 19.12; 23.8-9; 25.1; 37.26; 45.9-11,18; 46.10-11), y que esos propósitos llegan a su punto culminante cuando las naciones todas acepten el llamado divino y lleguen a Sión a adorar al Señor de toda la tierra y las naciones (2.1-5; 1.9; 25.7-8; 60.1-22).

El Señor de la historia manifiesta y demuestra su poder en la forma en que utiliza las grandes potencias de la época para que cumplan los designios divinos. Los centros de poder de la época, de acuerdo al profeta, manifiestan la voluntad divina. Asiria, de esta forma, es solo un instrumento de juicio en sus manos (10.15); y el gran Ciro, simplemente un agente de redención (45.1-7).

Las naciones vecinas de Israel reciben los oráculos del profeta, pues están sujetas a la voluntad del Señor (13—23). Estas naciones, aunque tienen sus divinidades locales, están bajo el escrutinio y la evaluación sistemática y decidida del Señor de Israel; sus actividades y las implicaciones éticas de sus decisiones no se pasan por alto, sobre todo si afectan al pueblo del Señor.

La teología de la historia que se revela en el Deuteroisaías se basa en la tradición y los relatos que presentan al Señor como «el Dios eterno» (Gn 21.33). Según el texto isaiano, el Dios eterno es «creador del mundo entero» (40.28); y esa relación teológica íntima de creación y eternidad es la fuente de consolación y esperanza para el pueblo (40.27-28). Dios, de acuerdo al mensaje profético, inicia el tiempo para cumplir su voluntad en la historia; es «el primero y el último» (41.4; 43.10; 44.6).

El juicio y la redención de Dios

En el libro de Isaías el juicio divino puede manifestarse de diversas formas; por ejemplo, como un desastre natural (24.4-5), como una derrota militar devastadora (5.26-30), o como una enfermedad (1.5-6). Dios no es un espectador pasivo en el escenario de la historia humana, sino la fuente básica de la vida y la actividad (43.27-28). Ante la rebelión, reacciona con celo, pasión y firmeza.

El Señor manifiesta el juicio ante la actitud pecaminosa de su pueblo; y frente al arrepentimiento humano, revela su misericordia. La redención es la respuesta divina a la conversión; en efecto, se fundamenta en la fidelidad de Dios (1.16-19; 6.5-7; 27.1-9; 29.22-24; 33.5-6,17-22; 43.25—44.3; 49.14-23; 57.16-19). Únicamente a través del acto salvador de Dios la humanidad puede recibir la redención necesaria.

La salvación en el libro de Isaías no es un acto simple de reconocimiento de culpa, sino la transformación total de la voluntad y el comportamiento; por ejemplo, renuncia al orgullo personal, reconocimiento de la supremacía divina en el mundo y el cosmos, y el deseo de aceptar el llamado al servicio que se manifiesta en el libro (6.1-8). Y el resultado de la redención es el reestablecimiento de la imagen de santidad divina en la humanidad, la restauración de la tierra y el cumplimiento de las funciones de siervo en el pueblo. Salvación no es solo la liberación de los pecados, sino la aceptación, comprensión y disfrute de la santidad divina (4.3-4; 11.9; 32.15-18; 35.8-10; 60.21).

Ese proceso redentor, además, descubre y afirma el valor básico de los seres humanos, y rechaza la tentación de reducir la humanidad a ser objetos del uso y la conveniencia (58.3-9). En efecto, reconoce que la santidad divina se manifiesta en la gente, y que los pecados contra la humanidad son una clara ofensa hacia la santidad divina.

La teología de Dios como redentor de su pueblo se nutre en la tradición y los relatos del éxodo (Éx 1—20). La liberación de Egipto es el suceso histórico fundamental del pueblo, y el libro de Isaías, heredando esa percepción teológica, destaca el poder redentor y liberador de Dios ante las amenazas y cautiverios de los imperios asirio, babilónico y persa. La labor del Señor como redentor incluye: pagar rescate por el pueblo (43.3), y acompañarles en momentos de crisis y dificultad (41.14-20).

El éxodo

Un tema de fundamental importancia en la obra isaiana, sobre todo en el Deuteroisaías, es el éxodo. Para enfatizar la teología de la esperanza y la restauración, la obra presenta una magnífica elaboración poética del antiguo éxodo de Egipto.

El primer éxodo fue un hecho histórico y salvador que dio sentido de identidad nacional al pueblo y, además, se convirtió en un tema fundamental en la teología bíblica. Sin embargo, ese gran acontecimiento tiene sus condicionamientos históricos y sus limitaciones de tiempo: evoca la época del cautiverio de Israel en Egipto, en el siglo trece a.C.[7] Los israelitas salieron de Egipto (de los trabajos forzosos, del cautiverio y de la esclavitud), recorrieron un desierto inhóspito, huyeron del ejército egipcio y, finalmente, entraron a la tierra prometida. En el peregrinar, enfrentaron al faraón, a los magos egipcios, al Mar Rojo, a las dificultades del desierto e, inclusive, respondieron a las actitudes y los recuerdos de los mismos israelitas frustrados (40.27; 41.13-14; 42.18-20; 48.1-8).[8]

---

7 Hermann, *op. cit.*, pp. 80-95.
8 Alonso Schokel, *op. cit.*, pp. 266-268.

El nuevo éxodo del Deuteroisaías se presenta como afirmación poética del triunfo de Dios sobre las penurias adversas del cautiverio en Babilonia. Este nuevo hecho liberador anuncia una intervención extraordinaria de Dios en forma poética, con amplitud de imágenes y símbolos; el heraldo evoca un horizonte amplio e ilimitado.

Ante el segundo éxodo, el primero palidece y descubre un significado novedoso: ese nuevo éxodo, anunciado en la obra isaiana, es un mensaje profético que sobrepasa los límites del tiempo y genera esperanza en generaciones futuras. Revela la voluntad liberadora de Dios y destaca su capacidad redentora. La esperanza cobra nueva dimensión, lo imposible descubre la posibilidad. El objetivo no es solo curar las heridas ni consolar en la aflicción, sino abrir la posibilidad de hacer algo nuevo, crear el futuro.

En la articulación teológica y literaria del tema del nuevo éxodo se enfatiza el agente de la liberación: Dios mismo convoca al pueblo para responder a los anhelos más hondos de liberación y restauración nacional. De acuerdo al libro de Isaías, el Señor es la fuente de la redención humana. Antes de comenzar el proceso de liberación, ya Dios había enviado su palabra para preparar el camino del triunfo (55.11).

En el nuevo éxodo, el pueblo de Dios sale de Babilonia, es decir, del poder político que lo cautiva, para regresar a la tierra prometida, la cual fue prometida y habitada por sus antepasados. Mediante un acto de amor y misericordia divina, el pueblo sale de la esclavitud (49.7), de la cárcel (42.7; 51.14), de la oscuridad (49.9) y de la opresión (47.6; 52.4; 54.14). En respuesta al cautiverio de su pueblo (52.2), el Señor actúa como el redentor (43.1; 44.22-28; 48.20; 51.10; 52.3,9).

El nuevo éxodo es un triunfo definitivo contra Babilonia, que fundamenta su poder y confianza en sus divinidades nacionales y en la magia. El Señor Santo de Israel desafía a esas deidades impotentes y las somete a juicio. Y en la burla, reta la capacidad de los ídolos para actuar y predecir, y aun reta su existencia misma. Mientras los adoradores de ídolos se cansan del trabajo en la madera, el Señor «da fuerzas al cansado, y al débil le aumenta su vigor» (40.29).

Los Cánticos del Siervo del Señor

Un tema de fundamental importancia en el libro de Isaías se relaciona con el análisis y la comprensión de los poemas del Siervo del Señor, también conocidos como los «Cánticos del Siervo Sufriente».[9] En el Deuteroisaías únicamente la palabra «siervo» (en hebreo, *ebed*), o el concepto relacionado, aparece con bastante frecuencia.[10] La idea que se pone de manifiesto y se evoca en el estudio ponderado de los textos es la de un discípulo del Señor que proclama y afirma la verdadera fe, soporta una serie intensa de padecimientos para expiar los pecados del pueblo, y finalmente es glorificado por el Señor.

La iglesia cristiana, desde sus comienzos, ha identificado estos poemas con el anuncio de la muerte redentora de Cristo y la glorificación de Jesús de Nazaret, el Siervo del Señor por excelencia (Hch 8.30-35).[11] Más adelante, la figura

---

9 Entre los estudios del Siervo del Señor debemos identificar los siguientes: C.R. North, *The Suffering Servant in Deutero-Isaiah: An Historical and Critical Study*, 2nd ed., Oxford, London, 1956, pp. 192-219; H.H. Rowley, *The Servant of the Lord and Other Essays on the Old Testament*, Lutterworth, London, 1952, pp. 49-53; H.L. Ginsberg, «The Oldest Interpretation of the Suffering Servant», *VT* 3, 1953, pp. 400-404; Alonso Schokel, *op. cit.*, pp. 272-274.

10 Véase, por ejemplo, 41.8,9; 42.1,19; 43.10; 44.1,2,21,26; 45.4; 48.20; 49.5,6; 50.10; 52.13; 53.11; 54.17.

del Siervo se interpretó como la personificación del pueblo de Israel, para relacionarlo con el «nuevo» Israel, es decir, la iglesia cristiana.[12]

En el estudio de la palabra y la figura del Siervo en el Deuteroisaías se descubren varias peculiaridades de gran importancia exegética y hermenéutica.[13] Por lo general, la palabra se utiliza en singular (cp. 54.17) para describir a algún personaje; además, se relaciona, en la mayoría de los casos, con Israel o Jacob. Aunque esa evaluación inicial podría hacer pensar que el Siervo es sin duda el pueblo, la realidad es que en varios casos el Siervo y el pueblo están en posiciones evidentemente contrapuestas (p.e., 49.5-6; 53.8). Los textos, además, presentan características del Siervo que difícilmente se pueden aplicar al pueblo de Israel; por ejemplo, los atributos de paciencia, fidelidad e inocencia.

Por lo general, los estudios de los poemas del Siervo del Señor se han fundamentado en los

---

11 Posiblemente la relación entre los poemas del Siervo y la misión expiatoria de Cristo se fundamenta inicialmente en las palabras de Jesús; véase J. Jeremías, *The Servant of God*, SCM, London, 1965, pp. 99-106.

12 Agustine, *Sermons on the Liturgical Seasons*, tr. M.S. Muldowney, The Fathers of the Church, 38, New York, 1959, pp. 80-81.

13 Alonso Schokel, *op. cit.*, pp. 272-275.

siguientes cuatro pasajes básicos: 42.1-4; 49.1-
6; 50.4-9; 52.13—53.12.[14] Y desde el análisis
de esos textos se han ponderado y discutido
algunos asuntos medulares referente a los poemas y el Siervo: por ejemplo, el número y la
extensión de cada pasaje;[15] el autor de cada
uno de los textos; su relación con los contextos
en el libro de Isaías; y el asunto fundamental,
la identidad del Siervo.

El resultado de los estudios de los Cánticos
del Siervo no ha resuelto todas las dificultades
que plantean. Las argumentaciones literarias,
lingüísticas, teológicas y exegéticas no han po-
dido responder convincentemente a todos los
interrogantes; sin embargo, han identificado,
por los menos, cuatro teorías básicas para la

---

14 Desde los estudios de Duhm, las discusiones en torno a los poemas
del Siervo del Señor se han visto afectadas por varios presupuestos
metodológicos básicos: cada poema es independiente; además, los
Cánticos tienen una prehistoria literaria que no se relaciona necesariamente con la literatura isaiana. Véase a Alonso Schokel, *op. cit.*,
p. 272.

15 Algunos estudiosos, avanzando las teorías de Duhm, identifican
cinco (42.5-9) o siete poemas del Siervo (42.5-9; 49.7,8-13) en
Deuteroisaías; otros ven más poemas del Siervo en Tritoisaías (p.e.,
61.1-4; 62.1-12; 63.7-14; 66.1-11). Véase a Alonso Schokel, *op. cit.*,
p. 272; E. Dussel, «Universalismo y misión en los poemas del Siervo
de Yahveh», *CiFe* 20, 1964, pp. 419-464; A. Ricciardi, «Los Cantos
del Siervo de Yavé», *Cuadernos de Teología*, 4, 1976, pp. 123-128.

interpretación de estos importantes poemas: la colectiva, la individual, la mixta y la mesiánica.[16]

Interpretación colectiva

La interpretación colectiva identifica al Siervo con el pueblo de Israel, y se fundamenta en la lectura de los textos bíblicos disponibles (p.e., 41.8; 44.1,2,21; 45.4; 49.3). La Septuaginta, o traducción griega del Antiguo Testamento, basada quizás en esa comprensión de los pasajes del libro de Isaías, incorporó la identificación precisa de «Israel» y «Jacob» en 42.1.[17] La mayor dificultad de esta interpretación es que en varios textos el Siervo y el pueblo están claramente contrapuestos, y que la identificación de los dos personajes hace violencia a la interpretación de los textos de forma global.[18]

---

16 Oswalt identifica, además, la interpretación mitológica, pero la descarta por falta de fundamento y precedentes históricos en el Oriente Medio antiguo; *op. cit.*, pp. 50-51.

17 La iglesia cristiana refirió este poema a Jesús de Nazaret.

18 Para responder a este argumento algunos autores han indicado que el Siervo no es todo el pueblo, sino un remanente selecto de Israel; Alonso Schokel, *op. cit.*, p. 273; Ginsberg, *op. cit.*

Interpretación individual

La interpretación individual se fundamenta en las descripciones que se hacen del Siervo en varios pasajes importantes. El análisis de los rasgos de su personalidad ha movido a los estudiosos a identificar un personaje histórico que responda a tales descripciones; por ejemplo, Isaías, Deuteroisaías, Ozías, Ezequías, Ciro, Zorobabel, o algún contemporáneo del profeta de quien desconocemos el nombre.[19] Sin embargo, las complicaciones exegéticas e históricas que estas identificaciones plantean no parecen ayudar mucho al proceso interpretativo de los poemas.

Interpretación mixta

De acuerdo a la interpretación mixta, en los poemas del Siervo se habla de un individuo que sin duda representa a la comunidad: por ejemplo, el rey como la encarnación del pueblo. Es importante notar que algunos textos destacan el aspecto individual del Siervo; otros, su misión colectiva.

---

19 North, *op. cit.*, pp. 192-219.

Una variante de esta categoría mixta es la que afirma que los poemas no presentan un solo Siervo, sino a varios: a Israel (40—48), a un remanente del pueblo (49.1-6,7-13; 52.13—53.12), al profeta (50.4-11), a Ciro (42.1-9), e inclusive a Dios, que cumple ciertas funciones de Siervo (43.23-24). Estas interpretaciones mixtas resaltan las complejidades literarias y teológicas de cada uno de los poemas, que aunque deben estudiarse de forma colectiva, revelan peculiaridades contextuales específicas que no deben obviarse.

Interpretación mesiánica

Los cristianos han interpretado los Cánticos del Siervo del Señor según la teoría mesiánica. A partir del Nuevo Testamento (Mt 8.17; 12.18-21; Lc 22.37; Hch 8.32-35; 1 P 2.22,24), la Iglesia ha relacionado la misión del Siervo con el ministerio de Jesús; es decir, ha interpretado los poemas como una anticipación profética de la persona y la misión de Cristo. Los cánticos describen al Siervo, de acuerdo a esta forma de interpretación, como un profeta comisionado por el Señor a llevar a efecto una misión en beneficio no solo de Israel, sino de todas las naciones (42.1,4). Para lograr su objetivo, el

Siervo debe superar muchas dificultades y padecimientos; pero el Señor lo sostiene y lo eleva a un nivel que genera la admiración de las naciones y sus gobernantes (52.12-15).[20]

Relacionados con los Cánticos del Siervo del Señor en el Deuteroisaías se incluyen una serie de pasajes que destacan la restauración y glorificación de Sión (49—55). Jerusalén, en algunos poemas, se presenta como ciudad y en otros como esposa. El contraste entre la figura femenina de Sión y la masculina del Siervo no debe descuidarse, pues pone de manifiesto un entorno literario y teológico de importancia. Sión está abandonada y deshonrada; el Siervo confía en el Señor y en su triunfo definitivo; Sión se queja y sufre, mientras el Siervo consuela o calla; y el pasado de Sión es la ira divina, el del Siervo es de intimidad y amor. Finalmente, el tema del triunfo y la prosperidad es común en ambos

---

20 En el estudio de las relaciones entre los Cánticos del Siervo y Jesús debemos tomar en consideración los siguientes factores adicionales: los textos más importantes para Jesús eran el cuarto Cántico del Siervo y otros pasajes isaianos (43.4; 44.26; 50.10; 59.21; 61.1-3); el mismo Jesús relacionó algunas ideas del segundo y tercer Cántico con sus discípulos (Mt 5.14,16,39; cp. Is 49.3,6; 50.6); y aunque la iglesia vio en Jesús el cumplimiento de los poemas del Siervo, continuó refiriéndolos a todo el pueblo de Israel (Lc 1.54); Alonso Schokel, *op. cit.*, pp. 274-275.

personajes, pero la forma de conseguirlo es diferente.[21]

El juego literario y teológico entre el Siervo y la ciudad, en un momento de cautiverio, es fuente de esperanza y consolación. El Siervo, en su misión redentora, transformará la ciudad para que se convierta en el centro cúltico y espiritual de la humanidad.

El pueblo de Israel

La relación íntima entre Dios y su pueblo, Israel, se pone de manifiesto de forma sistemática en todo el libro. Las fórmulas «nuestro Dios» (1.10), «tu gente» (2.6), «mi Dios» (25.1), «mi pueblo» (40.1) y «soy tu redentor» (54.8; 60.16), entre otras, son solo algunas expresiones que revelan la percepción de pertenencia que manifiesta la teología de la obra isaiana.

Ese sentido hondo de intimidad y pertenencia es una característica que fundamenta otros conceptos teológicos básicos del libro. Israel es semilla de Abraham, pues el llamado de Dios a su pueblo recuerda las promesas y el peregrinar

---

21 Alonso Schokel, *op. cit.*, p. 276.

del patriarca; Jacob (Israel) es siervo del Señor porque desciende de su amigo Abraham (41.8; 51.1-2). Israel es el pueblo escogido, pues tiene una responsabilidad misionera hacia la humanidad: llevar la justicia a todas las naciones (42.1). Es también el pueblo del pacto y de la promesa hecha a David (55.3). Además, Israel es testigo de las grandes intervenciones de Dios en la historia humana; específicamente de que no hay otro Dios, y que fuera del Señor no hay quien pueda salvar (43.10-11).

Cuarta parte:

El Espíritu del Señor está sobre mí

El Espíritu del Señor está sobre mí,
porque el Señor me ha consagrado;
me ha enviado a dar buenas noticias a los pobres,
a aliviar a los afligidos, a anunciar libertad a los
presos, libertad a los que están en la cárcel;
a anunciar el año favorable del Señor,
el día en que nuestro Dios nos vengará
de nuestros enemigos.
Me ha enviado a consolar a todos los tristes,
a dar a los afligidos de Sión una corona
en vez de ceniza,
perfume de alegría en vez de llanto, cánticos de
alabanza en vez de desesperación.

ISAÍAS 60.1-3a

Sentimientos y reacciones

La lectura del libro de Isaías es una experiencia dinámica, retadora, edificante y educativa. La belleza literaria del libro, unida a la magnífica articulación teológica y la presentación de desafíos misioneros serios, producen en el lector un aluvión de sentimientos y reacciones. La «Visión de Isaías», es decir, el mensaje del libro y sus implicaciones, no está cautiva en el siglo octavo a.C., ni quedó trunca con la crisis del cautiverio babilónico, ni mucho menos perdió su poder de persuasión cuando regresaron los judíos deportados a Jerusalén. La palabra isaiana ha tenido un papel fundamental en la historia de la sinagoga y la iglesia, y ha sido factor determinante en la elaboración y presentación de un ministerio profético relevante para la sociedad contemporánea.

El Nuevo Testamento utiliza con frecuencia pasajes del Antiguo para ilustrar o corroborar la autoridad del mensaje cristiano. En esa tradición teológica y hermenéutica, Jesús de Nazaret tomó varios pasajes del profeta Isaías para describir y afirmar su misión. En uno de esos momentos de predicación y educación, de acuerdo al Evangelio de Lucas, el Maestro leyó el texto de Isaías 61.1-2a en la sinagoga de

Nazaret y lo relacionó con su ministerio. En efecto, al comenzar su labor pública, el Señor se apropió de las palabras del profeta antiguo para destacar el fundamento de su mensaje liberador. El inicio mismo de su ministerio estuvo relacionado con la actualización de la palabra profética:

El Espíritu del Señor está sobre mí,
porque el Señor me ha consagrado;
para llevar la buena noticia a los pobres;
me ha enviado a anunciar libertad a los presos
y dar vista a los ciegos;
a poner en libertad a los oprimidos;
a anunciar el año favorable del Señor
    (Lc 4.18-19).[1]

El mensaje isaiano que Jesús cita, que se encuentra en el corazón de la sección del libro conocida como Tritoisaías, afirma la importancia de presentar las buenas noticias de salvación a los pobres y a los afligidos; a anunciar libertad a los presos y el año favorable del Señor. Luego de sufrir muchas calamidades y angustias, el Señor le devolverá la felicidad al

---

1   La cita proviene de la versión griega de Isaías 61.1-2; la última frase del v. 18 es de Isaías 58.6.

pueblo y establecerá en su favor una alianza eterna (61.8). La comunidad judía agradecida responde a este anuncio de liberación con un cántico de felicidad y gratitud (61.10-11).

El oráculo de Isaías presenta al profeta como el portavoz de Dios, enviado a comunicar a los pobres, los ciegos y los presos, o sea, a un sector marginado y sufriente de la sociedad, la palabra de la liberación. Esa palabra liberadora era también el anuncio de la llegada del día de venganza del Señor, en el cual Dios implantará la justicia y consolará a los tristes. La imagen de unción se incluye en el texto para destacar la naturaleza y la importancia de la misión que se le había encomendado: la ceremonia de consagración con aceite se reservaba únicamente para reyes (Sal 2.6) y sacerdotes (Éx 29.7; Lv 8.12).

Jesús tomó la antigua palabra profética y la aplicó a su ministerio. En respuesta a los dolores de la sociedad judía en la Palestina del primer siglo, el Señor de la Iglesia actualizó la palabra isaiana en su mensaje. Su preocupación por los sectores más pobres del pueblo, su interés de responder a las necesidades más hondas de las viudas y los huérfanos, y su compromiso con los que no poseían prestigio y honor en la sociedad, le motivó a relacionar su ministerio con ese importante oráculo isaiano.[2]

La metodología de utilizar textos proféticos y aplicarlos a tareas de futuras generaciones de creyentes es muy importante en el análisis contextual del libro de Isaías. Ese modelo, que se revela en el estilo ministerial de Jesús y que además se pone de manifiesto en el análisis interno de la obra isaiana, brinda pistas hermenéuticas para la actualización de este importante libro profético.

El mensaje del Señor no se presenta al pueblo de forma impersonal «a quien pueda interesar»; es decir, sin tomar en consideración a la gente interpelada y los contextos en que viven. La palabra profética verdadera analiza y pondera seriamente las realidades sociales, políticas y espirituales que rodean a las personas aludidas, y responde, de acuerdo a la voluntad de Dios, a esas necesidades. Esa capacidad de relacionar de forma relevante la voluntad divina con las necesidades reales de la gente es una característica fundamental del mensaje profético.

---

2   Las citas y las alusiones al libro de Isaías en el Nuevo Testamento son frecuentes; p.e., Mt 12.18-21; Lc 22.37; 1 P 2.22,24.

Contexto y pertinencia

El estudio del libro de Isaías descubre cómo el profeta y sus sucesores relacionaron la palabra de Dios a sus entornos históricos concretos. El objetivo de las generaciones de creyentes y fieles que trabajaron con las enseñanzas del famoso profeta de Jerusalén del siglo octavo a.C. era identificar la pertinencia de las palabras antiguas en los nuevos contextos. El mensaje isaiano no pasaba de generación en generación de forma acrítica; es decir, la palabra profética se revisaba sistemáticamente a la luz de los nuevos retos que la comunidad judía afrontaba. En ese proceso de intervención profética el mensaje se revisaba, complementaba y actualizaba.

Para Isaías ese proceso implicaba «traducir», es decir, transformar o rearticular el mensaje de crítica a una generación infiel del siglo octavo a.C., a una nación desmoralizada y afligida por la experiencia del cautiverio en Babilonia. A su vez, esa actualización del cautiverio tomó nueva dimensión cuando los deportados comenzaron a regresar a Jerusalén y Judá, y se percataron que sus aspiraciones y expectativas sobre el templo y el culto no se materializaron.

La misma labor que llevaron a efecto los discípulos e intérpretes de Isaías la continúan los creyentes a través de las generaciones. Ese proceso interpretativo y de actualización mantiene vivas las implicaciones del mensaje de Dios a través de las generaciones.

En el análisis del libro de Isaías se descubren al menos tres entornos históricos definidos. El mensaje isaiano reta e interpela a la sociedad judía e israelita del siglo octavo a.C.; consuela y desafía a los deportados en Babilonia, luego del cautiverio del siglo sexto a.C.; y, además, entusiasma y amonesta a los judíos que regresaron a Judá cuando finalizó el cautiverio, a mediados del siglo quinto a.C.[3] Cada entorno histórico requirió una revisión profunda del mensaje profético, pues la palabra divina responde a las necesidades concretas y específicas de la comunidad. El Dios bíblico decidió intervenir en medio de la historia humana, y el estudio de esa historia revela aspectos fundamentales de su naturaleza y de su voluntad.

---

3   Véase la segunda parte de esta obra, en la cual se analiza la historia de Judá relacionada con el libro de Isaías.

Esa peculiaridad del libro de Isaías pone de manifiesto un postulado hermenéutico fundamental: el mensaje profético no es genérico ni impersonal, sino particular y personal. El Señor dirige su palabra a personas y pueblos específicos, a gente con necesidades y realidades concretas. Esa característica de la literatura profética en la Escritura es el vector que guía el análisis teológico y la interpretación adecuada del libro de Isaías. El mensaje de juicio de Isaías (p.e., 1.10-19) fue reinterpretado a los cautivos en Babilonia como palabra de consolación y esperanza (40.1-11); posteriormente la palabra profética se aplicó a la comunidad judía que regresó a Judá, luego del cautiverio, como el desafío a ser fieles al pacto (56.1-8).

El factor fundamental para la preservación de la literatura isaiana fue la pertinencia: la continuidad entre las necesidades del pueblo y la voluntad de Dios; es decir, la relación entre las necesidades humanas y el interés divino. Las tradiciones y los mensajes relacionados con Isaías se mantuvieron vivos en la comunidad judía a través de generaciones porque un grupo de personas atentas a las vivencias y realidades espirituales del pueblo, también estuvieron conscientes de las implicaciones universales y específicas del mensaje profético. Esa intimidad entre necesidad de la comunidad y el contenido del mensaje ísaiano hicieron del libro de Isaías un clásico de la literatura bíblica.

En el desarrollo e implantación de la pertinencia se destacan dos factores: el aprecio y uso de las tradiciones antiguas del pueblo, y el desarrollo de la creatividad. El libro de Isaías tomó los temas teológicos que eran familiares al pueblo y les brindó una nueva articulación literaria para aplicarlos a las vivencias noveles en el orden político, social y espiritual. Esas características facilitaron el proceso de comunicación y aceptación del mensaje.

El libro de Isaías se fundamenta teológicamente en una serie de conceptos, ideas y tradiciones muy conocidos por la comunidad judía; por ejemplo, las promesas a David, el pacto, el éxodo, el Dios creador y el Dios eterno. El uso de esas imágenes, que ya eran conocidas y muy apreciadas por la comunidad judía, fue un punto de contacto y continuidad entre la elaboración del mensaje del profeta y la comprensión del pueblo.

Sin embargo, ese aprecio y afirmación de las tradiciones antiguas no cautivó al profeta ni limitó su creatividad. Su capacidad creadora se revela de forma magistral, entre otros pasajes, en la elaboración de las imágenes del Siervo del

Señor y en la aplicación de esas imágenes al pueblo de Israel (52.13—53.12).

Dios llamó a Israel a ser bendición a las naciones (Gn 12.1-3); el mensaje de Isaías añade que esa bendición se llevará a cabo mediante el sufrimiento y la humillación del pueblo. En efecto, el profeta une al mensaje de la elección y el llamado divino, la experiencia concreta de sufrimiento en favor de los pueblos a los cuales se desea servir. La victoria final y definitiva del Siervo se relaciona con los sufrimientos que debe afrontar, pues forman parte de la voluntad de Dios (53.10); y la recompensa concedida es el resultado de haber soportado pacientemente un dolor inmerecido, a causa de los pecados cometidos por otros.

La elaboración de nuevas ideas, unida al uso adecuado de tradiciones y conceptos familiares a la comunidad, fueron factores determinantes en la aceptación del mensaje isaiano. Aunque las tradiciones antiguas le brindaron al libro de Isaías un idioma conocido y un terreno de continuidad temática y teológica, fue la creatividad literaria y la libertad en el uso de imágenes e ideas que propiciaron la gran acogida del libro en círculos judíos, primeramente, y luego, en las comunidades cristianas.

Isaías en Hispanoamérica

Son muchos los temas isaianos de actualidad profética en Hispanoamérica el día de hoy. La naturaleza misma del libro, que responde a diversos entornos históricos y experiencias religiosas, genera grandes posibilidades hermenéuticas y homiléticas. Algunas que pueden servir de guía a los estudiosos actuales pueden ser las siguientes: la importancia de la consolación a los que sufren y experimentan marginación y rechazo en la sociedad, y también en las iglesias; la prioridad del mensaje de liberación a los cautivos, sobre todo en sectores en los que la carencia de posibilidades económicas y la manifestación de realidades políticas adversas les impide desarrollar todo el potencial que tienen; y la necesidad de articular y participar de un culto verdadero, en el cual la experiencia religiosa está acompañada de un estilo de vida con altos valores morales y éticos.

El mensaje de consolación de Isaías responde a las necesidades de un pueblo en cautiverio. Luego de varias generaciones de vivir fuera de su tierra, y alejados de los lugares que brindaban a la comunidad sentido de identidad, el mensaje requerido es de consuelo y de restauración. Ante el dolor del deportado y la angustia del destierro no se necesita la palabra de reproche ni el oráculo de juicio ni el mensaje de desesperanza. Un pueblo o una persona en dolor necesita consolación, y el libro de Isaías pone de manifiesto no solo gran sensibilidad espiritual, sino sabiduría en el proceso de comunicación.

Esta palabra de consolación es muy pertinente a la luz de los grandes destierros que ha experimentado Hispanoamérica en las postrimerías del siglo veinte. Las guerras, los regímenes dictatoriales, la represión y la falta de respeto por los derechos humanos, la pobreza y la miseria, y la desconfianza en las instituciones oficiales de los países, ha generado una oleada de exilios voluntarios e involuntarios que ha afectado sustancialmente la vida en el Continente. Esas movilizaciones, que muchas veces se producen en masa y en cortos períodos, están acompañadas de calamidades físicas, políticas y espirituales, que lejos de aminorar el impacto del dolor de la partida de los lugares patrios, aumentan considerablemente la angustia del exiliado. En ese proceso, las familias se rompen, la salud mental y espiritual se afecta, la integridad se ofende y el sentido de seguridad se nubla. En Centroamérica y el Caribe, particularmente, esas experiencias de dolor exílico han herido la fibra más honda de las familias, las comunidades y las naciones.

Esa dinámica del cautiverio y destierro también se manifiesta en la sociedad y en las iglesias. Cuando se excluyen personas a causa del color de la piel o por motivos ideológicos, se pone en marcha la sociología y la sicología del exilio. La personas marginadas en la sociedad (p.e., los pacientes de SIDA o las personas desposeídas de hogar) y en las iglesias (p.e., personas con diferencias ideológicas) experimentan angustias y vicisitudes similares a las de los deportados, aunque vivan en sus propios países. Esas personas también necesitan el mensaje isaiano de consolación.

Ante una situación similar de cautiverio y destierro, el libro de Isaías destacó la importancia de la consolación, no como la resignación pasiva a vivir sin esperanza y conformarse a esa condición, sino como la palabra que reta a transformar la realidad del dolor en una experiencia positiva de vida. Además, el mensaje pone de relieve la importante contribución de los deportados en el proceso liberador. La consolación liberadora de Isaías relaciona la voluntad redentora de Dios y el esfuerzo humano de superación.

Por un lado, el profeta afirma la confianza en el Señor como un valor fundamental: «[Dios] da fuerzas al cansado, y al débil le aumenta su vigor» (40.29). Y por el otro, reclama la labor firme y decidida de los deportados para la transformación del desierto, es decir, para finalizar con las realidades que generan la angustia. De acuerdo al profeta, la gloria del Señor se revelará luego del esfuerzo liberador de los deportados:

Preparen al Señor un camino en el desierto,
tracen para nuestro Dios
una calzada recta en la región estéril.
Rellenen todas las cañadas,
allanen los cerros y las colinas,
conviertan la región quebrada y montañosa
en llanura completamente lisa.
Entonces mostrará el Señor su gloria,
y todos los hombres juntos la verán (40.3-5).

La importancia de la contribución personal en el proceso liberador se pone de manifiesto en el uso de los verbos: preparen, tracen, rellenen, allanen y conviertan. Esa fraseología destaca la importancia del esfuerzo personal, enfatiza el espíritu de superación, subraya la determinación humana, afirma el compañerismo divino-humano para lograr las metas importantes en la vida, sobre todo, para ver la gloria de Dios.

Los mensajes de consolación y de liberación se funden de forma sistemática en el libro de Isaías. Para los profetas, la vida no se presenta compartamentalizada, sino integrada. La experiencia religiosa incide en las realidades sociales y las vivencias políticas de la comunidad. No están reñidas las intensiones espirituales de los profetas con las implicaciones políticas y sociales de sus mensajes. La espiritualidad no es un apéndice de la vida, sino que afecta toda la existencia humana.

Como la palabra profética está íntimamente relacionada con la totalidad de la vida del pueblo, la consolación divina se une a la afirmación y celebración de la liberación. El profeta anuncia la redención definitiva del pueblo, aunque reconoce las dificultades y los dolores que debe experimentar. La consolación y la liberación se fundamentan en realidades históricas y concretas de la comunidad, no en la utopía ni la idealidad inalcanzable. Por medio del profeta, el Dios creador le dice al pueblo:

No temas, que yo te he libertado;
yo te llamé por tu nombre, tú eres mío.
Si tienes que pasar por el agua, yo estaré contigo,
si tienes que cruzar los ríos, no te ahogarás;
si tienes que pasar por el fuego, no te quemarás,
las llamas no arderán en ti.
Pues yo soy tu Señor, tu salvador,
el Dios Santo de Israel (43.1b-3a).

El mensaje de Isaías afirma categóricamente la liberación del pueblo y además anuncia el fin del cautiverio babilónico. La esperanza y la seguridad de la liberación se fundamentan en la palabra del Santo de Israel, el Dios que se reveló al profeta y al pueblo para anunciar el mensaje de juicio (6.1-11), que más tarde se cumplió con la experiencia del destierro. Ahora, ante los deportados, esa nueva palabra de liberación isaiana tiene muy alta credibilidad. Esa capacidad de conocer y anunciar el futuro no es patrimonio de los ídolos (45.20-25), sino una característica fundamental del Santo de Israel.

Este mensaje de esperanza isaiana a Hispanoamérica reconoce las penurias humanas y reacciona con sabiduría ante los problemas que se presentan. La liberación no se fundamenta en la ilusión que evade los conflictos de la vida y obvia las dificultades de la existencia. Pasar por el agua y por el fuego representan los peligros que deben enfrentar los cautivos en el camino hacia la liberación; y la mención de esos elementos puede ser también una alusión a la liberación de los hijos e hijas de Israel del cautiverio en Egipto (Éx 14.22; Dt 32.10). La liberación de Egipto no fue una experiencia superficial en la historia bíblica, sino el proceso transformador que preparó al pueblo a vivir nuevas realidades espirituales, sociales y políticas, tanto en el desierto como en Canaán.

La problemática que afecta la sociedad contemporánea tiene orígenes variados y complejos. Las relaciones entre las naciones, factores económicos internacionales, la corrupción en diversos niveles de las instituciones públicas, la mala administración de los recursos naturales, y la distribución inadecuada de los recursos económicos son solo algunos factores que deben tomarse en consideración en el proceso de análisis de la sociedad contemporánea. El mensaje del libro de Isaías reaccionó a los factores que afectaban las comunidades a las cuales iba dirigido, y la actualización del mensaje isaiano debe también tomar en consideración los factores que se revelan en la sociedad actual.

Un punto de contacto entre la crítica isaiana y las vivencias contemporáneas se relaciona con la discontinuidad entre los valores religiosos y los estilos de vida diarios. Con ese mensaje de crítica a la experiencia religiosa comienza el libro de Isaías (1.2-31). Por medio del profeta, el Señor dice: «¿Para qué me traen tantos sacrificios ... ? ¿Quién les pidió que pisotearan mis atrios ... ? Yo no soporto las fiestas de gente que practica el mal ... ¡Ya no las aguanto!» El mensaje es claro: el Señor no se agrada de la experiencia religiosa de gente que practica el mal. Según el profeta, Dios no acepta las ofrendas de personas que «tienen las manos manchadas de sangre» (1.15).

Esta crítica del profeta, que se repite en otras secciones de las Escrituras (p.e., Sal 40.6; Am 5.21-24), pone de relieve el valor ético de la experiencia religiosa; es decir, une el culto y el comportamiento diario, relaciona la liturgia y la moral. En su mensaje, el profeta, además de exigir la conversión y el cambio en el estilo de vida de los adoradores, identifica los componentes fundamentales de una experiencia religiosa adecuada y saludable:

¡Lávense, límpiense!
¡Aparten de mi vista sus maldades!
¡Dejen de hacer el mal!
¡Aprendan a hacer el bien,
esfuércense en hacer lo que es justo,
ayuden al oprimido,
hagan justicia al huérfano,
defiendan los derechos de la viuda! (1.16-17).

De acuerdo al mensaje de Isaías, no puede existir una dicotomía entre los valores espirituales que se afirman en el culto y las prácticas diarias. La relación entre la teología y la sociología es sumamente estrecha: los cultos son actividades para asimilar la naturaleza santa de Dios, para posteriormente vivir de acuerdo a los valores y postulados que se han articulado y descrito en la experiencia religiosa.

La exhortación a practicar la justicia es uno de los temas fundamentales del libro de Isaías (p.e., 8.21—9.5; 29.18-21; 58.6-7; 61.1-2); además, es una preocupación básica en otros libros proféticos (p.e., Am 2.6-16; Miq 6.6-8). Esa crítica aguda se destaca en el mensaje inicial del libro pues se enfatizan las implicaciones sociales del culto a Dios, particularmente la práctica de la justicia hacia los sectores más vulnerables de la sociedad.

El mensaje de Isaías identifica de forma práctica lo que significa adorar a Dios en un culto responsable y saludable. El tema se resume en las siguientes frases: dejar de hacer el mal, aprender a hacer el bien, ayudar al oprimido, hacer justicia al huérfano y defender los derechos de la viudas. Según la teología isaiana, el culto agradable es el que no finaliza con la experiencia de adoración, sino que tiene implicaciones prácticas en el resto de la vida.

El factor fundamental en la identificación del verdadero culto a Dios no se relaciona con los componentes formales de la liturgia, sino con los resultados éticos de la experiencia religiosa. Si en la vida diaria no se ponen de manifiesto de forma clara los valores éticos de ayuda a los necesitados de la sociedad, el culto ha sido superficial y no agradable ante los ojos de Dios. El criterio divino para la aceptación del culto es el estilo de vida que actualiza y representa la naturaleza santa de Dios en medio de la sociedad.

Este valor teológico y práctico es fundamental para el desarrollo de una teología y práctica del culto cristiano en Hispanoamérica. El culto, que es una pieza central en la experiencia de edificación y crecimiento cristiano, debe convertirse en un centro educativo donde se afirmen y enseñen las implicaciones diarias del encuentro con Dios en la adoración. De esta forma, los diferentes componentes de la liturgia y el culto no son una finalidad en sí mismos, sino partes de un proceso educativo transformador. La adoración, según esta comprensión isaiana, no es el supremo propósito de la vida cristiana, sino parte de un proceso de encuentro con Dios: por un lado, agradece las oportunidades de servicio y ayuda a los necesitados; y por el otro, asimila la gracia divina e incorpora valores éticos para continuar ese estilo de vida orientado hacia el hacer el bien a los demás. Ese culto verdadero es el que adora en el templo y sirve en la comunidad.

La Iglesia: Sierva del Señor

Uno de los temas más importantes del libro de Isaías es el del Siervo del Señor o el Siervo Sufriente. La misión de este importante personaje, que se presenta en los pasajes conocidos como los Cánticos del Siervo, es llevar a efecto una labor de redención no solo en beneficio del pueblo de Israel, sino de todas las naciones. El Siervo es ungido para afrontar muchos padecimientos y cumplir el propósito salvador de Dios.

En el Antiguo Testamento el título de siervo se aplica a personas que llevan a cabo tareas de gran importancia en el servicio del Señor (p.e., Moisés, Josué y David; Jos 1.1-2; 24.29; Sal 89.20; Jer 25.4). Según el libro de Isaías, el título de siervo se aplica en varias ocasiones al pueblo de Israel (41.8; 44.2,21; 45.4; 48.20; véase especialmente 49.3). De acuerdo a esta interpretación, Israel, como pueblo sufriente, luego de experimentar las penurias y angustias del cautiverio, resurgirá no solo para servir al Señor, sino para ser luz a las naciones, para llevar la salvación hasta lo más lejano de la tierra (49.6). En la tradición judía, la identificación del Siervo y el pueblo de Israel es muy antigua.[4]

La iglesia cristiana, desde muy temprano en su historia, relacionó los poemas del Siervo del Señor con la misión salvadora y expiatoria de Jesús de Nazaret. Esa percepción teológica se revela en varios pasajes del Nuevo Testamento, particularmente en los Evangelios (Mt 8.17; 12.18-21; Lc 22.37).

---

4 Holladay, *op. cit.*, pp. 222-226.

Sin embargo, aunque la interpretación mesiánica de los Cánticos del Siervo se convirtió,
con el paso del tiempo, en la postura teológica
generalmente aceptada por los cristianos, eso
no impidió que se manifestaran otras compren-
siones e interpretaciones de los Cánticos entre
los creyentes primitivos. En el poema conocido
como «El cántico de María» (Lc 1.46-55), en
continuidad con la tradicional interpretación
judía, se relaciona la figura del siervo con el
pueblo de Israel (Lc 1.54). Más adelante, en el
Libro de los Hechos, la figura del Siervo, además de aplicarla a Jesús (Hch 8.34-40), se
relaciona específicamente con el apóstol Pablo
(26.17-18). Esa referencia al apóstol es muy
importante porque revela que, aunque la relación entre la figura del Siervo y Jesús era muy
común y apreciada, esto no impidió que la
imagen también se aplicara a otros creyentes,
sobre todo a los líderes que cumplían funciones
destacadas en la iglesia.

Una referencia adicional en torno al estudio
y la aplicación de la figura del Siervo es importante. En uno de los discursos más importantes
de Jesús, conocido como «El sermón del monte»
(Mt 5.1—7.27), se pueden identificar de nuevo
algunas imágenes que aparecen en los Cánticos
del Siervo; esta vez aplicadas a los discípulos.

Esta referencia escritural es fundamental en este análisis porque, de acuerdo al relato evangélico, proviene directamente de Jesús.

Las exhortaciones a ser «luz del mundo» y a «no retirar la cara» de los que insultan y ofenden (Mt 5.14,16,39), pueden relacionarse con algunas ideas expuestas en los Cánticos (Is 49.3,6; 50.6). De esta forma varias de las responsabilidades y atributos del Siervo se continuaron aplicando a los creyentes. Es decir, la imagen del Siervo del Señor no se agotó con su aplicación a Jesús; los creyentes continuaron relacionando responsabilidades del Siervo con el mnisterio de la iglesia. Las posibilidades hermenéuticas de las imágenes del Siervo no quedaron cautivas en las interpretaciones mesiánicas, y sirvieron para describir y afirmar el ministerio de la iglesia.

Esa posibilidad de interpretación colectiva de la imagen del Siervo es fundamental para el desarrollo de una teología saludable del Siervo el día de hoy. La Iglesia, en su tarea misionera, es también sierva que sufre las penurias y los conflictos del mundo. No es posible llevar a efecto un ministerio relevante desde la lejanía, sino acompañando a un mundo que sufre y gime por redención. La pertinencia en el ministerio se logra cuando hay encarnación de los creyentes en las vivencias del mundo que les ha tocado servir y transformar. A «larga distancia» no se puede llevar a cabo un ministerio efectivo y aceptado en la sociedad contemporánea.

La iglesia sufriente es la que está presente en medio de los gozos y las tribulaciones de la gente; es la que vive en medio de las dinámicas que pueden generar muerte y desesperanza; es la que anuncia vida en medio de los parámetros de la muerte; es la que vive «en medio de un pueblo de labios impuros» (6.5), y a la que el Señor le dice:

> Mira, esta brasa ha tocado tus labios.
> Tu maldad ha sido quitada,
> tus culpas han sido perdonadas (6.7).

El estudio del libro de Isaías nos confronta nuevamente con el mensaje isaiano y con las experiencias vocacionales. Todo el libro se fundamenta en «la visión» de la voluntad de Dios que recibió el profeta. En esa visión se hace la pregunta básica:

> ¿A quién voy a enviar? ¿Quién será nuestro mensajero? (6.8).

Isaías, y los muchos profetas que han estudiado y actualizado su mensaje, han respondido:

Aquí estoy yo, envíame a mí (6.8).

QUINTA PARTE:

BIBLIOGRAFÍA SELECTA

P. Ackroyd, «Isaiah I-XII: Presentation of a Prophet», *VTSup 29*, 1978, pp. 16-48.

L.L. Adams y A.C. Pencher, «The Popular Critical View of the Isaiah Problem In Light of Statisyical Style Analysis», *Computer Studies 4*, 1973, pp. 149-157.

W.F. Albright, *Archeology and the Religion of Israel*, 5th ed. Doubleday, Garden City, 1968.

G.W. Anderson, «Isaiah 24-27 Reconsidered», *VTSup 9*, 1963, pp. 118-126.

F. Brown, S.R. Driver, y C.A. Briggs, *A Hebrew and English Lexicon of the Old Testament*, repr., Clarendon, Oxford, 1959.

W. Brueggemann, *Using God's Resourses Wisely*, Westminster/John Knox Press, Louisville, 1993.

G.J. Botterweck and H. Ringgren, eds., *Theological Dictionary of the Old Testament*, I, Tr. D.E. Green, et al. Eerdmans, Grand Rapids, 1974.

M. Burrows, J. Trever, y W.H. Brownlee, *The Dead Sea Scrolls of St. Mark's Monastery, I: The Isaiah Manuscript and the Habakkuk Commentary*, American Schools of oriental Research, New Haven, 1950.

M. Burrows, «Variant Readings in the Isaih Manuscript», *BASOR 111*, octubre de 1948, pp. 16-24; idem, *BASOR 113*, abril de 1949, pp. 24-32.

G.A. Buttrick, et al., eds., *The Interpreter's Bible*, 12 vols., Abingdon, Nashville, 1952-1957.

G.A. Buttrick, et al., eds., *The Interpreter's Dictionary of the Bible*, 4 vols., Abingdon, Nashville, 1962. *Supplementary Volume*, ed. K. Crim, et al., 1976.

R.P. Carroll, *When Prophecy Failed: Cognitive Dissonance in the Prophetic Traditions of the Old Testament*, Seabury, New York, 1979.

R. A. Carlson, «The Anti-Assyrian Character of the Oracle in Is. ix 1-6», *VT 24*, 1974, pp. 130-35.

B.S. Childs, *Introduction to the Old Testament as Scripture*, Fortress, Filadelfia, 1979.

R.E. Clements, *Isaiah I-39, NCBC*, London, Marshall, Morgan & Scott, Eerdmans, Grand Rapids, 1980.

M.G. Cordero, «El Santo de Israel», *Mélanges Bibliques rédigés en l' honneur de André Robert*, Bloud et Gay, Paris, 1957.

J. Coppens, *La Prophétie de la ' Almah. Analecta lovaniensia bíblica et orientalia*, II/35, Louvain, 1952.

J.D. Davis, «The Child whose Name is Wonderful», *Biblical and Theological Studies*, Princeton Centenary Volume, Scribner's, New York, 1912.

F. Delitzch, *Commentary on the Old Testament, VII: Isaiah*, Tr. J. Martin, repr., Eerdmans, Grand Rapids, 1973.

J. Eaton, «The Origen of the Book of Isaiah», *VT* 9, 1959, pp. 138-157.

I. Eitan, «A Contribution to Isaiah Exegesis», *HUCA 12-13*, 1937- 1938, pp. 55-88.

K. Elliger and W. Rudolph, eds., *Biblia Hebraica Stuttgartensia*, Deutsche Bibelstiftung, Stuttgart, 1967-1977.

L. Finkelstein, *The Commentary of David Kimchi on Isaiah*, Columbia University, New York, 1926.

_____. «Linguistic and Textual Problems, Isaiah 1-39», *JTS 38*, 1937, pp. 36-50.

K. Fullerton, «Isaiah 14:28-32», *AJSL 42*, 1925-1926, pp. 86-109.

P. Hanson, *The Dawn of Apocalyptic*, Fortress, Filadelfia, 1975.

J.H. Hayes, «The Usage of Oracles Against Foreign Nations in Ancient Israel», *JBL 87*, 1968, pp. 81-92.

A.J Heschel, *The Prophets*, Harper & Row, New York, 1962.

W.L. Holladay, *Isaiah: Scroll of a Prophetic Heritage*, Pilgrim Press, New York, 1987.

N.W. Gottwald, «Immanuel as the Prophet's Son», *VT 8*, 1958, pp. 36-47.

G.B. Gray, *A Critical and Exegetical Commentary on the Book of Isaiah I-XXVII*, ICC., T & H. Clark, Edinburgh, 1912.

M. Greenberg, «The Stabilization of the Text of the Hebrew Bible», *JAOS 76*, 1956, pp. 157-167.

S. Iwry, «Masseba and Bamah in IQ Isaiah[A] 6, 13», *JBL 76*, 1957, pp. 225-232.

_____. «Some Emendations in Isaiah», *JBL 69*, 1950, pp. 51-60.

_____. «Textual Problems in Isaiah», *CBQ 22*, 1960, pp. 400-409.

_____. «The Origin, Composition and Tradition of Isaiah 1-39», *ALUOS 3*, 1963, pp. 3-38.

_____. «The Prophecies of Isaiah and the Gall of Jerusalem in 587 B.C.», *VT 30*, 1980, pp. 421-36.

_____. «The Son of Tabeel (Isaiah 7:6)», *BASOR 140*, diciembre de 1955. pp. 34-35.

G. Kittel and G. Friedrich, eds., *Theological Dictionary of the New Testament*, 10 vols., tr. and ed. G.W. Bromiley, Eerdmans, Grand Rapids, 1964-1976.

M.J. Lagrange, «Apocalypse d'Isaie (xxiv-xxvii)», *RB 3*, 1894, pp. 200-231.

L.J. Liebreich, «The Position of Chapter Six in the Book of Isaiah», *HUCA 25*, 1954, pp. 37-40.

R. Margalioth (Margulies), *The Indivisible Isaiah: Evidence for the Single Authorship of the Prophetic Book*, Yeshiva University, New York, 1964.

W. Millar, *Isaiah 24-27 and the Origin of Apocalyptic*, HSM 11, Scholars, Missoula, 1976.

J. Muilenburg, «The Literary Character of Isaiah 34», *JBL 59*, 1940, pp. 339-365.

M. Pope, «Isaih 34 in Relation to Isaiah 35 and 40-66», *JBL 71*, 1952, pp. 234-243.

O. Ploger, *Theocracy and Escathology*, Tr. S. Rudman, John Knox, Richmond, 1968.

J.B. Pritchard, ed., *Ancient Near Eastern Texts*, 3rd ed., Princeton University, 1969.

J.B. Pritchard, ed., *The Ancient Near East in Pictures*, 2nd ed., Princeton University, Princeton, 1969.

Y.T. Radday, «Genesis, Wellhausen and the Computer», *ZAW 94*, 1982, pp. 467-481.

J.M. Rosenthal, «Biblical Exegesis of 4QpIs», *JQR 60*, 1969, pp. 27-36.

J.R. Rosenbloom, *The Dead Sea Isaiah Scroll: A Literary Analysis*, Eerdmans, Grand Rapids, 1970.

E.R. Rowland, «The Targum and the Peshita Version of the Book of Isaiah», *VT 9*, 1959, pp. 178-191.

_____. *Gesenius' Hebrew Grammar*, Tr. E. Kautzsch., Ed. A. Cowley, 2nd ed., Clarendon, Oxford, 1910.

H.H. Rowley, *The Revelance of Apocalyptic: A Study of Jewish and Christian Apocalypses from Daniel to Revelation*, rev. ed., Harper & Brothers, New York, 1946.

P. Skehan, «Some Textual Problems in Isaiah», *CBQ 22*, 1960, pp. 47-55.

R.B. Y. Scott, «Introduction and Exegasis of the Book of Isaiah, Chapters 1—39», *The Interpreter's Bible*, V. Ed. G. Buttrick, et al., Abingdon, Nasville, 1956, pp. 156-381.

I.L Seeligmann, *The Septuagint Version of Isaiah: A Discussion of Its Problems*, Brill, Leiden, 1948.

_____. «Inner Tradition Shifts in Meaning in Isaiah 1-11», *ExpTim 89*, 1978, pp. 301-304.

_____. «Interpretation of the Babylonian Exile: A Study of 2 Kings 20, Isaiah 38-39», *SJT 27*, 1974, pp. 329-352.

_____. *Isaiah and the Assyrian Crisis*, SBT 2/3, SCM London, Allenson, Naperville, 1967.

_____. *Isaiah and the Deliverance of Jerusalem: A Study in the Interpretation of Prophecy in the Old Testament*, JSOTSup 13, JSOT, Sheffield, 1980.

_____. «Isaiah 1-39: Textual and Linguistic Problems», *JSS 13*, 1968, pp. 36-57.

J.F. Stenning, *The Targum of Isaiah*, Clarendon, Oxford, 1949.

A.H. Van Zyl, «Isaiah 24-27; Their Date of Origin», *New Light on Some Old Testament Problems*, Papers read at 5th meeting of Die Ou-Testamentiese Werkgemeenskap in Suid-Afrika, Pro Rege, Potchefstroom, 1962.

C. Westermann, *Basic Forms Of Prophetic Speech*, Tr. H.C. White, Westminster, Filadelfia, 1967.

C.F. Whitley, «The Language and Exegesis of Isaiah 8:16-23», *ZAW 90*, 1978, pp. 28-43.

H.M. Wolf, «A Solution to the Immanuel Prophecy in Isaiah 7:14- 8:22», *JBL 91*, 1972, pp. 449-456.

E.J. Young, *The Book of Isaiah*, 3 vols., Eerdmans, Grand Rapids, 1964-1972.

W. Zimmerli and J. Jeremias, *The Servant of God*, rev. ed., SBT 1/20, SCM, London; Allenson, Naperville, 1965, p. 1.